仓储管理基础

（第 2 版）

主　编　张烨键　陈立辉

中国财富出版社

图书在版编目（CIP）数据

仓储管理基础 / 张烨键，陈立辉主编．—2 版．—北京：中国财富出版社，2019. 8
ISBN 978 - 7 - 5047 - 6920 - 6

Ⅰ.①仓…　Ⅱ.①张…　②陈…　Ⅲ.①仓库管理—中等专业学校—教材　Ⅳ.①F253

中国版本图书馆 CIP 数据核字（2019）第 102047 号

策划编辑　李　晗　　**责任编辑**　邢有涛　李　晗
责任印制　尚立业　　**责任校对**　孙会香　许　诺　　**责任发行**　敬　东

出版发行　中国财富出版社
社　　址　北京市丰台区南四环西路 188 号 5 区 20 楼　　**邮政编码**　100070
电　　话　010 - 52227588 转 2098（发行部）　010 - 52227588 转 321（总编室）
010 - 52227588 转 100（读者服务部）　010 - 52227588 转 305（质检部）
网　　址　http://www. cfpress. com. cn
经　　销　新华书店
印　　刷　北京京都六环印刷厂
书　　号　ISBN 978 - 7 - 5047 - 6920 - 6/F · 3052
开　　本　787mm × 1092mm　1/16　　**版　　次**　2019 年 8 月第 2 版
印　　张　11. 75　　**印　　次**　2019 年 8 月第 1 次印刷
字　　数　243 千字　　**定　　价**　45. 00 元

编 委 会

前言

为服务“一带一路”建设和“互联网 +”“中国制造 2025”等国家战略，适应以互联网、物联网、大数据、云计算和人工智能为代表的新技术、新模式和新业态下物流业发展对人才需求的变化，培养物流专业的复合型人才，本书根据国家技能型紧缺人才培养培训工程要求和从事仓储相关工作岗位的要求，使学生通过对仓储管理的基础知识素养、岗位能力素养的学习，掌握物流仓储的基本知识以及相关技能，初步形成一定的学习能力和课程实践能力，具备通用仓储作业岗位的基本工作能力与职业素养，为学生就业和职业发展奠定基础。本课程理实一体化，共计约 120 学时。

本书依据全国职业院校技能大赛宗旨——培养学生在物流中心现场作业、安全及文明生产等方面的职业素养，提高中职物流教育的社会认可度，提升培养专业人才的市场匹配度。本书依据“以赛促教”的指导思想，将仓储作业中的基本操作融入仓储管理的基础知识素养中，并在后续的岗位实训中进行巩固练习。课程采用理实一体化，旨在培养出劳动市场需要的物流人才。

本书由深圳市龙岗职业技术学校张烨键、陈立辉担任主编，具体分工为：第一篇由张烨键编写；第二篇由陈立辉编写；第三篇由陶梦然、吴渊清、杨丹丹编写，并由陶梦然、吴渊清、萧文雅修改完善。最后由张烨键负责本书的整体结构、项目内容编写及本书的统稿和修订。

本书的编写立于《仓储管理基础》（第 1 版）的基础上，在此对第 1 版的郭三勇、张勇主编，陈立辉副主编，参加编写的陶梦然、吴渊清、杨丹丹、张勇、杨珍、吴蔚婷、刘选东等作者表示深切的谢意。编写过程中得到了中国财富出版社的大力支持，同时参考引用了北京络捷斯特科技发展有限公司的许多资料，在此一并对以上单位及资料作者表示深切的谢意。由于编者水平有限，加上时间仓促，错误和不足之处在所难免，诚恳欢迎读者批评指正。

编　者

2019 年 3 月

目　录

第一篇　仓储管理基础知识与技能素养

第二篇　仓储管理岗位能力素养

第三篇　中职学生仓储管理职业素养

第一篇　仓储管理基础知识与技能素养

按照中职物流人才培养模式及教学模式改革要求，此篇重点培养学生对仓储概念、性质、分类、作用、专业术语、设施设备等基础知识的识记、领会、运用、分析、综合的掌握，以便适应岗位对工作能力的具体要求，为工作提供理论支撑，并帮助指导工作实践。

第一章　仓储管理概述

第一节　走进仓储

仓储是指通过仓库对物资进行储存、保管以及仓库相关储存活动的总称。它随着物资储存的产生而产生，又随着生产力的发展而发展。仓储是商品流通的重要环节之一，也是物流活动的重要支柱。

教学目标（6 学时）

学习情境		个人存放 20 吨大米到仓库的视频
职业行动能力		能区分出什么是仓储，在物流工作岗位中的运用
专业能力	应知	能说出仓储的定义
		识记仓储的基本要素
		领会仓储管理概念
	应会	会根据生活实际指出仓库与仓储的情况
		库存与库存管理的区别
社会能力		通过分组活动，培养团队协作能力
		通过规范文明学习，培养良好的职业道德和安全环保意识
		通过小组讨论、上台演讲评述，培养沟通能力
方法能力		通过查阅资料、文献，培养个人自学能力和获取信息能力
		填写任务工作单，制订工作计划，培养工作方法能力
		具有分析问题、解决实际问题的能力

学习要求和考核内容

根据学习要求进行四项学习：

（1）资讯（通过集中听课、自学、小组讨论等学习方式获取相应知识点）。

（2）教学给出工作任务单，学生分组行动。

（3）根据任务完成情况评估，并抽查，演讲。

（4）完成并上交工作任务单。

考核内容：

包括学生学习态度、团队协作、知识点掌握、上台展示能力、分析决策能力、问题掌控能力等。

序号	考核内容	考核标准
1	任务认知程度	根据任务准确获取学习资料，有学习记录
2	情感态度	学习精力集中，学习方法多样，积极主动，全部出勤
3	团队协作	听从指挥，服从安排，积极与小组成员合作，共同完成工作任务
4	工作计划制订	有工作计划，计划内容完整，时间安排合理，工作步骤正确
5	任务工作单	工作单完成及时，记录完整，结果分析正确，对老师布置的任务能及时上交，正确率在 90% 以上
6	问题思考	开动脑筋，积极思考，并对工作任务完成过程中的问题进行分析和解决
7	操作能力	操作应安全规范文明，能在规定时间内完成

学习内容

一、仓储定义

“仓”即仓库，为存放、保管、储存物品的建筑物和场地的总称，可以是房屋建筑、洞穴、大型容器或特定的场地等，具有存放和保护物品的功能。“储”即储存、储备，表示收存以备使用，具有收存、保管、交付使用的意思。仓储是指通过仓库对商品与物品的储存与保管。

《中华人民共和国国家标准：物流术语（GB/T 18354—2006）》对仓储（Warehousing）的定义为：利用仓库及相关设施设备进行物品的入库、存储、出库的活动。

仓储是集中反映工厂物资活动状况的综合场所，是连接生产、供应、销售的中转站，对促进生产、提高效率起着重要的辅助作用。

二、仓储的意义

仓储是产品生产、流通过程中因订单前置或市场预测前置而使产品、物品暂时存放。它是集中反映工厂物资活动状况的综合场所，是连接生产、供应、销售的中转站，对促进生产、提高效率起着重要的辅助作用。同时，围绕着仓储实体活动，清晰准确的报表、单据账目、会计部门核算的准确信息也一并进行着，因此仓储是物流、信息流、单证流的合一。

三、我国仓储行业现状

（1）仓储成本高。仓储难是整个物流业存在的普遍现象，严格的土地管理政策使仓储企业取得土地的难度加大，土地取得成本和使用成本较高。

（2）仓库布局不够合理。由于缺乏统一的国家标准和专业性的规划设计，各地已经建成的新仓库区存在许多的问题。

（3）仓储设备和技术发展不平衡。由于仓储业的投资能力有限，面对急剧增长的仓储需求，新型库房数量短缺，配送车辆、集装技术、拣选技术、信息技术等急需提升和改造。

（4）仓储企业规模偏小、经济效益偏低。这两年我国仓储企业虽然业务量与主营收入均有较大幅度的增加，但利润却较低。仓储企业每单位平均占有资产仅为2533万元。所有物流主体企业中，平均业务收入利润率为8.77%。

（5）仓储方面的人才缺乏。发展仓储行业，既需要专业技术型人才，也需要操作型人才，更需要仓储管理型人才，而我国近年来这几个方面的人才都很匮乏。

（6）仓储管理方面的法制、法规不够健全。在仓储管理法制建设方面，我国起步较晚，已经建立的仓储方面的规章制度随着生产的发展和科学水平的提高，已经不适合实际情况。至今我国还没有一部完整的仓库法。同时，我国仓储管理人员的法制观念不强，不会运用法律手段来维护企业的利益。

四、仓库分类

仓库根据不同标准可进行不同分类，常见的仓库分类有以下几种。

1. 按技术分类

（1）专用仓库。

专用仓库是一种配有冷藏、保温等设施的仓库。适用于储存性能比较特殊的商品及需要具有一定技术装备的商品。如食糖、果品、粮食、药材、禽畜肉等容易融化、霉变、腐烂的商品，且商品数量较大，需要冷藏或恒温储存。

（2）通用仓库。

通用仓库，又称普通仓库、综合仓库，一般是指具有常温保管、自然通风、无特殊功能的仓库。通用仓库根据商品性能一致、保养措施一致的原则，对商品进行分区分类管理。这类仓库不需要特殊的技术装备，在中国商业仓库中所占的比重较大。

（3）危险品仓库。

危险品仓库是一种配置有特殊装备和相应消防手段，能对危险品起到一定的防护作用的专用仓库。由于危险品具有易燃、易爆、有毒、有腐蚀性或有放射性等特性，严禁与一般物品混放。危险品仓库的主要任务就是要确保各类危险品的储存安全。

2. 按构造分类

（1）平房仓库。

平房仓库是指仓库建筑物是平房，结构简单，高度一般不超过 5～6 米的仓库。这类仓库建筑费用便宜，人工操作比较方便，中国现有大量的平房仓库。

（2）楼房仓库。

楼房仓库是指建筑结构在两层或以上的仓库。这类仓库可以减少土地的使用面积，进出库作业可以采用机械化或半机械化，但作业成本相对较高。

（3）高层货架仓库。

高层货架仓库是指以高层货架为主而组成的仓库。建筑本身是平房结构，内部货架层数较多，具有可以保管 10 层左右货架或托盘的能力，这类仓库一般配备拣选式巷道堆垛起重机等自动化设备，是一种发达国家普遍采用的先进仓库，可实现机械化和自动化操作。

（4）柱式仓库。

柱式仓库是指构造呈柱形或球形，主要用来储存石油、天然气、液体化工产品等的仓库。

（5）简易仓库。

简易仓库是指构造简单，造价低廉（包括一些固定或活动的简易货棚等），一般提供临时使用的一种仓库。

（6）露天仓库。

露天仓库即露天料场，以露天储存为主，有的会设有围墙。

五、仓库中储位分配原则

物流仓库中的货物各式各样，有其独特的属性，货物之间还有发生物理、化学反应的可能，合理的物资入库储位分配安排，可以最大化地利用库房容量，又能很好地保存货物。所以储位分配安排一定要科学合理。

（1）为方便出入库作业，物品必须面向通道进行保管。

（2）尽可能地向高处放物品，以提高空间利用率。

（3）出货频率高的物品放在入口处，出货频率低的物品放在仓库深处。

（4）重型货物放在入口处，轻型货物放在仓库深处。

（5）大型货物放在入口处，小型货物放在仓库深处。

（6）一般物品放在下层，贵重物品放在上层。

（7）实行“先入先出”的原则，以加快周转。

六、仓储管理的原则

仓储管理的目标是快进、快出、保管好、多储存和省费用，因此其基本原则应该是先进先出、商品管理、单据管理、盘点对账、质量检查、安全管理。

1. 先进先出

入库和发货时应按照先进先出原则，易坏的先发，以加快周转，登好库房明细账，正确记载商品的储存动态，仓管员应填写“商品进出库动态表”，做到当时进货当时销卡，货、账、卡相符。

2. 商品管理

同一品种在同一地方保管，相同或相近保管条件不互相影响的商品可临近放置，方便商品管理，提高作业效率。

3. 单据管理

（1）凡已办完进出库手续，进单或提单应加盖“收讫”或“付讫”及日期印鉴。

（2）补货单位按当日的登记编号顺序清理装订。

（3）入库凭证及其所附有的一切单据和记录，入库商品问题催办单、查询单、商品出库单（补单）和入库凭证，都要与商品入库验收记录一并装订，并妥善管理，以备日后查阅。

4. 盘点对账

（1）仓储工作人员必须认真执行日对、月盘以及账账核对工作，保证货、账、卡相符。

（2）要严格坚持“有动必对”的原则，对库存货卡进行逐一核对，坚持当日事当日毕，谁核对谁签名。

（3）商品盘点。货、账、卡进行核对，核对时必须认真清点货垛、货架等所有商品数量，同时要坚持以货碰账，以账控货，二者结合进行，防止漏对。

5. 质量检查

（1）商品在库期间，每天根据不同保管性质的商品进行商品质量检查。

（2）查出的问题，要积极采取应对措施。

6. 安全管理

坚持每天登记安全台账，关好门窗，关闭电源，加强消防设备的检查与保养，做好安全隐患检查与登记。凡外来人员，必须有部门经理审批方可入内。仓库内严禁明火、严禁携带打火机、严禁吸烟。

七、仓储管理的内容

仓储管理的内容分为三个部分：仓储系统的布局设计、库存最优控制、仓储作业管理。它们之间既是相互联系的整体，又是能独立运行的个体。

1. 仓储系统的布局设计

仓储系统布局是顶层设计，也是仓储管理供应链环节的核心。顶层设计就是要把一个复杂纷乱的物流系统通过仓储这个枢纽的布局设计改造成为“干线运输＋区域配送”的模式，枢纽就是以仓储的仓库为基地的配送中心。

2. 库存最优控制

库存管理是指利用有效的方法和现代的技术手段在保证供应的前提下实现对库存物品数量上的有效控制，进而实现库存物品量的最低化，甚至实现零库存。

3. 仓储作业管理

仓储作业管理是仓储管理日常所面对的最基本的管理内容，也是仓储的“主体建筑”。例如，如何组织货物入库验收，如何安排库区、储位，如何对在库货物进行合理保管、盘点和发运出库等。仓库的作业管理是仓库日常所面对的大量和复杂的管理工作，只有认真做好仓库作业中的每个环节的工作，才能保证仓储整体作业的良好运行，实现仓储管理的目标。

第二节　入库作业

（12 学时）

<table>
<tr><td rowspan="5">专业能力</td><td rowspan="3">应知</td><td>能说出入库作业的环节</td></tr>
<tr><td>识记验收环节的流程</td></tr>
<tr><td>领会理货的技能要领</td></tr>
<tr><td rowspan="2">应会</td><td>会根据生活实际指出入库作业的作业要领</td></tr>
<tr><td>验收作业的意义</td></tr>
<tr><td colspan="2" rowspan="2">方法能力</td><td>通过查阅资料、文献，培养个人自学能力和获取信息能力</td></tr>
<tr><td>填写学习任务，培养工作方法能力</td></tr>
</table>

学习要求和考核内容

根据学习要求进行四项学习：

（1）资讯（通过集中听课、自学、小组讨论等学习方式获取相应知识点）。

（2）教学给出学习任务单，学生分组学习。

（3）根据任务完成学习评估，并抽查和上台演讲。

（4）完成并上交学习任务单。

考核内容：

包括学生学习态度、团队协作、知识点掌握、上台展示能力、分析决策能力、问题掌控能力等。

岗位角色及职员

序号	考核内容	考核标准
1	任务认知程度	根据任务准确获取学习资料，有学习记录
2	情感态度	学习精力集中，学习方法多样，积极主动，全部出勤
3	团队协作	听从指挥，服从安排，积极与小组成员合作，共同完成工作任务
4	学习计划制订及思考	有工作计划，计划内容完整，时间安排合理，工作步骤正确。积极思考，分析和解决

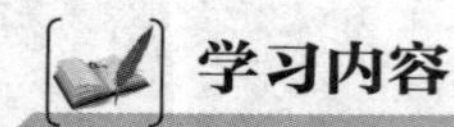

学习内容

一、入库计划

入库计划是仓储作业的开始，只有在仓储管理系统中录入并生成入库计划，手持终端等设备才能收到信息反馈，完成接下来的入库作业。

二、入库理货

入库作业的实际操作从入库理货开始，入库理货包括了入库验收作业和堆码组盘作业。

（一）验收作业

货物入库验收是指入库验收人员核对验收凭证，对货物实体进行数量检验和质量检验的工作，是确保入库货物数量准确、质量完好的最重要的一个环节。凡货物要进入仓库储存，必须先经过验收，确保入库货物质量符合企业要求。

验收作业的程序为验收准备、核对单据、数量验收等。

1. 验收准备

货物验收工作人员准备好验收工具及送货清单等，做好验收准备工作。一般情况下，包括以下五个方面的准备工作。

（1）收集、整理并熟悉各项验收凭证、资料和有关验收要求。

（2）准备所需的计量器具、卡量工具和检测仪器仪表等，检查其准确性、可靠性。

（3）落实入库货物的存放地点，选择合理的堆码垛形和保管方法。

（4）准备所需的苫垫堆码物料、装卸机械、操作器具和担任验收作业的人力。如为特殊性货物，还须配备相应的防护用品，采取必要的应急防范措施，以防万一。

（5）当进口货物或存货单位要求对货物进行质量检验时，要预先通知商检部门或检验部门到仓库进行检验或质量检测。

2. 核对单据

（1）审核验收单据，包括业务主管部门或采购部门提供的入库通知单、订货合同和订货协议书是否齐全。

（2）核对供货单位提供的验收凭证，包括发票、质量保证书、发货明细表、装箱单、磅码单、说明书和保修卡及合格证等是否齐全。

3. 数量验收

货物验收工作人员负责对货物进行数量验收，检查到货的品种和数量。货物数量验收是保证货物数量准确不可缺少的措施。不同类型的货物对其进行数量验收的要求也不相同，主要有四种方法：①计件法；②检斤法；③检尺求积法；④精度验收法。

4. 检查外包装

货物验收专员对有包装的货物检验货物包装是否完整，是否贴有标签和标识等，若发现所装载的货物有倾覆、破损、变质、受潮等异常现象时，应先初步计算损失。计算损失后，将货物外观检验结果登记在“货物入库验收单”上。

5. 质量检验

货物验收工作人员选择合适的检验方法对数量准确、表面完好的货物进行质量检验，主要使用抽验检验法，按照一定比例随机抽取货品进行检验。对检验合格的货物做出合格标记，为货物入库做准备；为检验不合格的货物做出不合格标记，做进一步处理。检验完毕后，应按照检验结果填制“货物入库验收单”。

6. 合格品入库上架

将所有合格货物根据入库计划进行上架作业。检验不合格的货物按照双方约定进行处理。

（二）堆码组盘作业

对于有包装的物品或者裸装的有特定形状的计件物品，可以采取堆垛的方式进行储存。

采用哪种货垛堆码方式主要取决于物品本身的性质、形状、体积、包装等。一般情况下，多采取平放、最大接触面向下的方法，使货垛易于堆码、稳定牢固。常见的货垛堆码方式包括重叠式、纵横交错式、旋转交错式、正反交错式、通风式、栽柱式、衬垫式等。

1. 重叠式

重叠式也称直堆法，是逐件、逐层向上重叠堆码，一件压一件的堆码方式。该方法方便作业、计数，但稳定性较差，适用于袋装、箱装、箩筐装物品以及平板、片式物品等。

2. 纵横交错式

纵横交错式是指每层物品的排列方向都与前一层相垂直，逐渐向上堆放的堆码方式，这种方法主要适用于管材及捆装、长箱装等物品的堆码。该方法稳定性较强，但操作不便。

3. 旋转交错式

旋转交错式是指每层与相邻两边的包装体都互为9度，同一层上下两层之间的堆码相差180度。这种方法托盘货品稳定性较高，不容易塌垛；但堆码难度大，中间形成空穴，降低了托盘利用率。

4. 正反交错式

正反交错式是指同一层中不同列货品以90度垂直码放、相邻两层货物码放形式旋转180度。该方法不同层次间咬合强度较高，相邻层次间相互压缝，稳定性较好；但操作较麻烦，人工操作速度慢。

实操练一练

环境准备

1. 场地：现代物流综合作业实训室

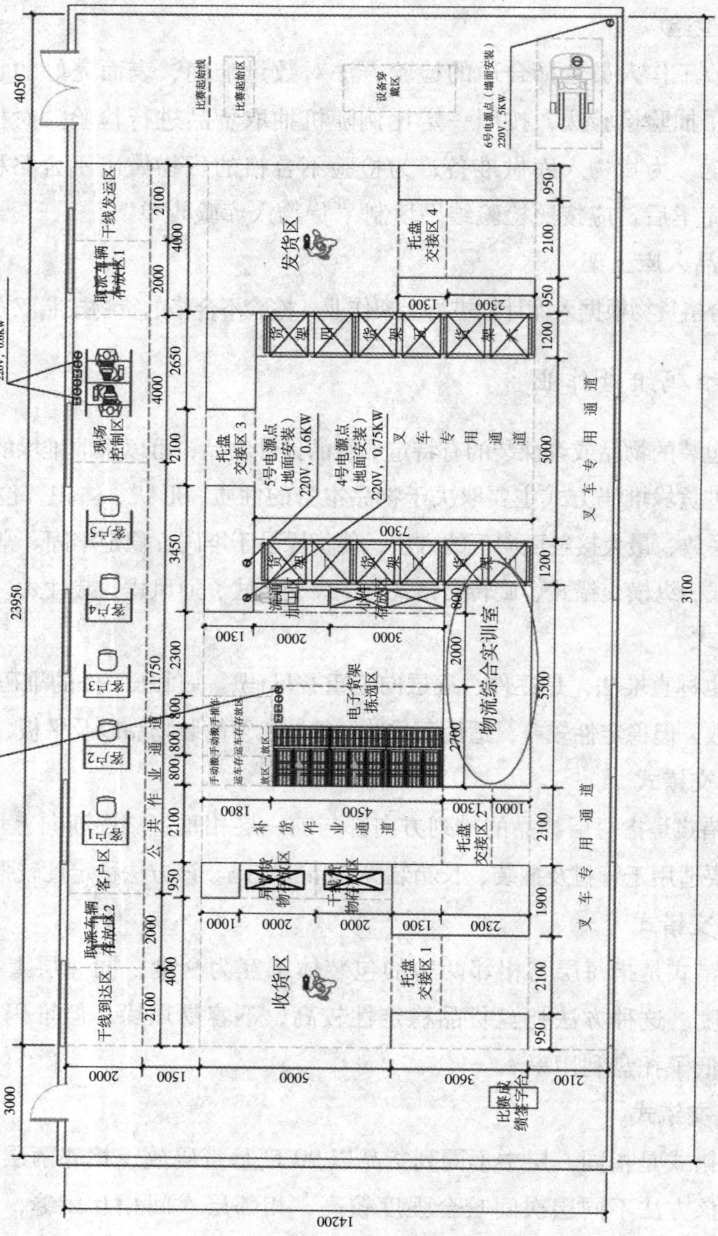

实训室内具体布局情况

在入库作业实训中所能涉及的场地包括：主通道、收货区、设备暂存区以及各存储区域，具体储区依据各入库任务而定。

2. **设施设备**

实训中所用的设备和设施

序号	设备类别	详细信息
1	软件	现代物流综合作业系统
2	硬件	手持终端（RF）
3	装卸搬运设备	叉车、手动液压搬运车
4	存储设备	货架、托盘
5	条码	货物条码、托盘标签、储位标签

3. **单据**

入库订单、储位分配单。

各单据内容见附录 1：入库作业单据。

4. **岗位角色及职责**

岗位角色及职责

序号	岗位角色	职责	备注
1	信息员	订单信息录入	所有入库操作在信息员打完纸质单据后才能开始
2	仓管员	货物验收、入库作业及入库单据填写	
3	操作员	协助仓管员货物验收、入库作业堆码组托	
4	叉车司机	货物上架	

任务发布

长风物流有限公司是一家大型的第三方物流公司，主要为客户提供安全、快捷的仓运配服务。长风物流有限公司在全国拥有庞大的快运网络，依托成熟的快运平台，业务范围覆盖全国大部分地区，业务涉及国内物流和国际物流。长风物流有限公司在北京顺义建有一个综合仓，业务涵盖国内及国际运输、仓储、市内配送等业务。

以长风物流有限公司实训库房的日常业务为背景，结合客户具体要求和企业管理制度，模拟 2017 年 10 月 19 日当天的物流作业场景（长风物流有限公司实训库房每天的工作时间为 8：00—18：00）。

入库订单信息如下。

入库通知单 1

仓库：实训库房　　　　客户：北京物美商业集团股份有限公司

预计入库时间：2017 - 09 - 26

批次号：2017101901　　　　客户指令号：20171019001

货品条码	货品名称	包装规格（mm × mm × mm）	数量	单位
6944330951547	康师傅优悦水	285 × 380 × 270	4	箱
6921168509256	农夫山泉	380 × 570 × 220	4	箱

注：上述入库货品的储位信息可以结合实训库房内的实际情况进行更改，只要保证货品待上架的储位为空即可。

昆仑山矿泉水储位存放配置信息如下。

货物名称	康师傅优悦水	货物名称	康师傅优悦水
库房	实训库房	储位标签	B00102
区名称	托盘货架区	包装单位	箱
区编码	B00	仓库托盘量	4

统一冰红茶（150ml）储位存放配置信息如下。

货物名称	农夫山泉	货物名称	农夫山泉
库房	实训库房	储位标签	B00002
区名称	托盘货架区	包装单位	箱
区编码	B00	仓库托盘量	4

仓库中目前有备用托盘 15 个，托盘标签号设定如下表所示。

托盘编码说明		
序号	托盘标签号（13 位）	备注
1	1000000000001	备用
2	1000000000002	备用
3	1000000000003	备用
4	1000000000004	备用
5	1000000000005	备用
6	1000000000006	备用
7	1000000000007	备用
8	1000000000008	备用

续　表

托盘编码说明		
序号	托盘标签号（13 位）	备注
9	1000000000009	备用
10	1000000000010	备用
11	1000000000011	备用
12	1000000000012	备用
13	1000000000013	备用
14	1000000000014	备用
15	1000000000015	备用

任务要求：

实训教师在授课前须维护必要的基础信息，所需维护信息包括货品信息、储位存放规格信息。此外，还需打印并粘贴货品条码、托盘标签；检查储位标签是否完好，对于破损储位标签需要重新打印；打印入库订单、储位分配单。

信息员将入库订单进行入库单据的录入及作业任务的生成。

仓管员对入库货品进行验收、入库作业，配合使用手持终端进行无纸化入库作业，将货品上架到指定货位。

操作员协助仓管员货物验收、入库作业堆码、组托。

叉车司机将货物上架。

任务操作：补货作业

1. 任务流程

根据入库通知，仓库需要入库一批昆仑山矿泉水和怡宝饮用纯净水，入库存储的区域是托盘货架区。在入托盘货架区的实训过程中，所涉及的作业区域包括入库理货区，入库实训中该区域为入库订单处理、入库检验、单据交接、货品入库理货提供作业场所设备暂存区，货物理货清点完毕后，搬运人员需从设备暂存区取出搬运设备，将理货完成的货物从理货区搬运至托盘货架区；托盘货架区，待货物都搬运至托盘货架区后，需要上架至托盘货架区的指定储位。

2. 任务操作

步骤一：入库计划。

入库作业首先需要录入订单，并对订单进行处理，这样手持终端才能接收到作业任务，以进行后续的理货、上架操作。

信息员接到客户入库订单后，会生成入库作业计划并传递给仓库，由仓管员打印入库单处理后续入库作业任务。

进入【订单管理】系统，根据实训任务要求，在【入库计划】中【新增】入库订单，分别对订单信息、订单入库信息及订单货品进行维护，如图1－1、图1－2和图1－3所示。

图1－1　系统页面

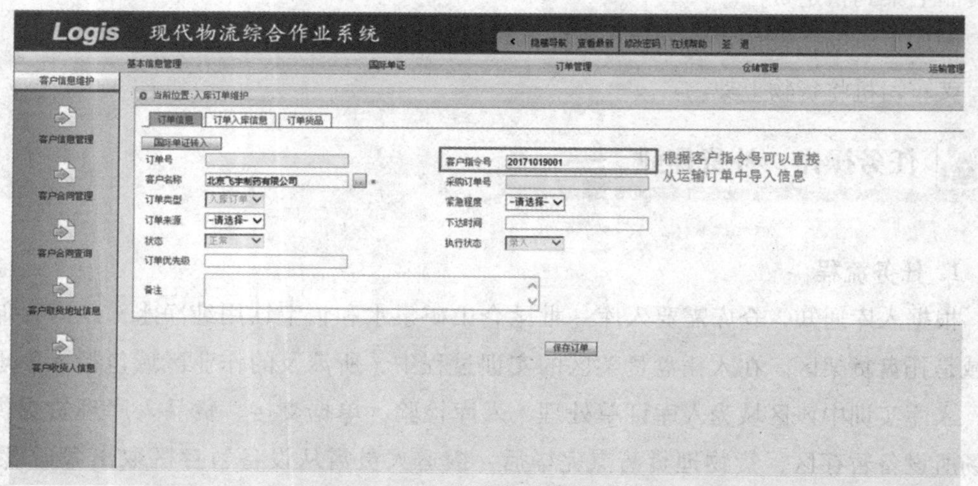

图1－2　订单信息

步骤二：订单处理。

保存并提交入库订单后，进入【订单管理】—【订单处理】操作界面，【确认】订单信息，【确认生成】入库计划，并打印入库单，如图1－4和图1－5所示。

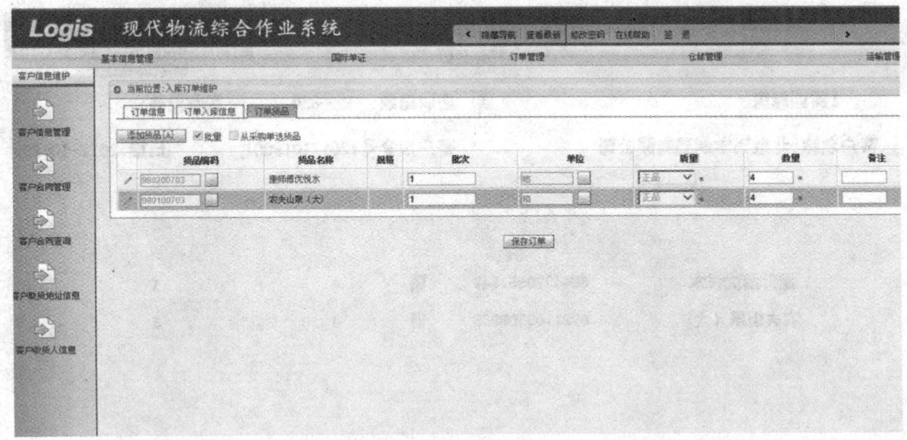

图 1－3　订单货品

图 1－4　订单处理

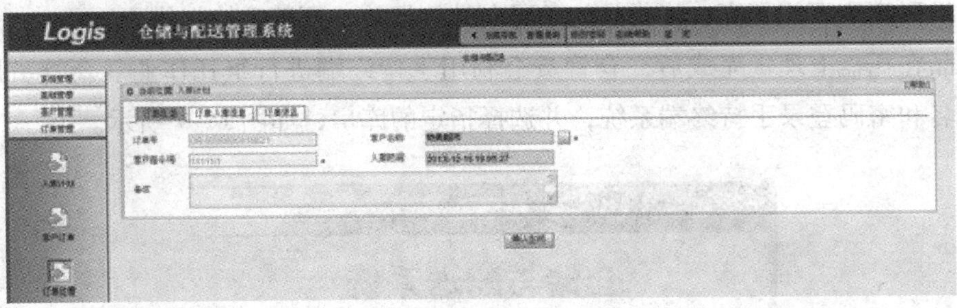

图 1－5　确认生成入库计划

步骤三：入库验收。

根据入库通知单到收货区验收货品，如果实际货品数量或品种与入库单不符，仓管员要在入库单上注明情况，并以实际收货数量入库，仓管员在入库单上签字确认，并需要与送货人员（由工作人员扮演）进行交接。

签字：仓管员

备注：说明拒收理由

整理：入库理货区拒收商品

入 库 单

0R-000000016861

1实训库房　　　　应收总数:　8.0　　　实收总数:

客户名称:北京飞宇制药有限公司　　　客户指令号:20171019001　　　日期:2017-10-19

康师傅优悦水	6944330951547	箱	4	1
农夫山泉（大）	6921168509256	箱	4	1

制单人：信息员　　　仓管员(签字)：__________　　　送货人(签字)：__________

第一联（白联）：送货人留存　　　第二联（红联）：仓库留存　　　第三联（黄联）：仓管员留存

打印

图 1－6　打印入库单

步骤四：RF 组托。

仓管员（理货员）将入库的货品堆码到托盘上，进行入库理货操作。在堆码时需注意：堆码高度不能超高；将货品的条码向外侧摆放，便于手持扫描。

货品在托盘上理货完成后，仓管员会利用手持终端进行组托作业。仓管员用指定的用户名和密码登录手持终端系统，并选择指定的库房，如图 1－7 所示。

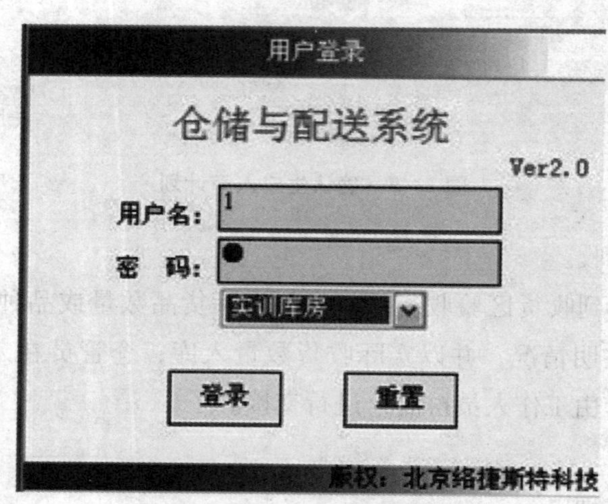

图 1－7　手持终端用户登录

登录手持终端系统后，进入其应用操作主功能界面，选择【入库作业】，进入理货的操作界面，如图 1－8 所示。利用手持终端扫描货品条码、扫描托盘标签，确认实收数量，如图 1－9 所示。

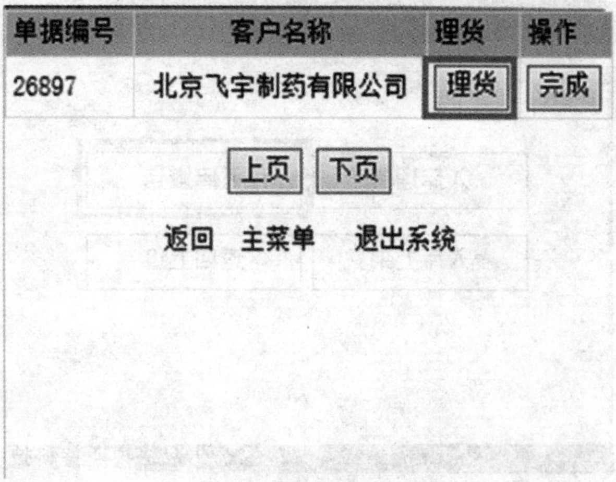

单据编号	客户名称	理货	操作
26897	北京飞宇制药有限公司	理货	完成

上页　下页

返回　主菜单　退出系统

图 1－8　理货操作界面

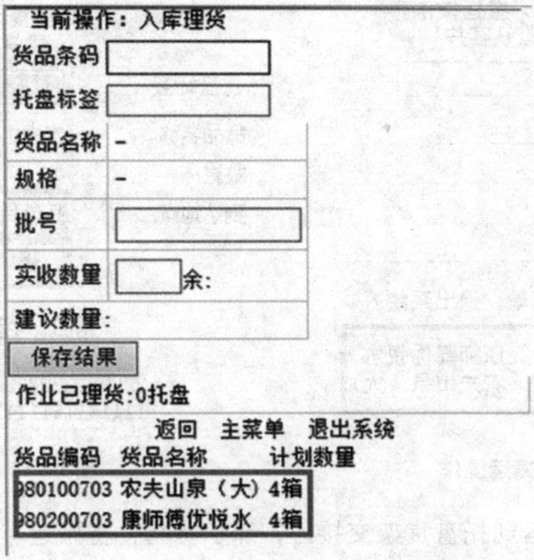

当前操作：入库理货

货品条码	
托盘标签	
货品名称	-
规格	-
批号	
实收数量	余:
建议数量:	

保存结果

作业已理货:0托盘

返回　主菜单　退出系统

货品编码	货品名称	计划数量
980100703	农夫山泉（大）	4箱
980200703	康师傅优悦水	4箱

图 1－9　组托操作界面

待上述信息处理完成后，点击【确定】，提交组托信息，点击【保存】并【提交】组托结果。

步骤五：入库上架。

组托理货作业完毕后，搬运员需要利用手持终端进行货物搬运的操作。登录手持终端系统后，进入其应用操作主功能界面，选择【入库作业】，进入搬运操作界面，如图 1－10、图 1－11 和图 1－12 所示。

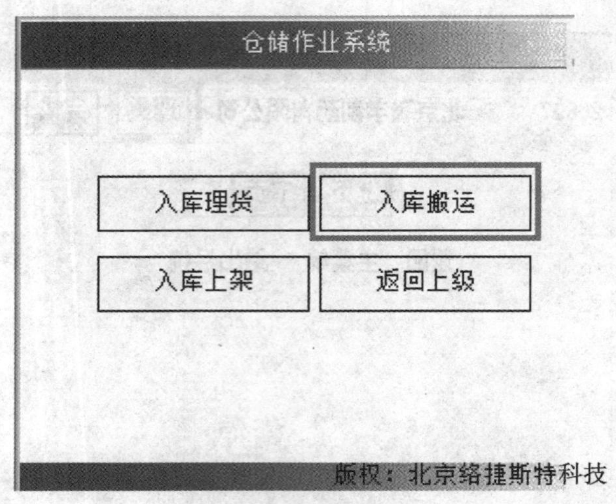

图 1－10　仓储作业系统

当前操作：搬运操作
客户：默认客户

托盘标签	
货品名称	–
数量	–
到达地点	–

返回　主菜单　退出系统

2222222222222	康师傅优悦水
1111111111111	农夫山泉（大）

图 1－11　搬运操作

当前操作：搬运操作
客户：默认客户

托盘标签	1111111111111 ×
货品名称	农夫山泉（大）
数量	4
到达地点	托盘货架交接区
	确认搬运

返回　主菜单　退出系统

2222222222222	康师傅优悦水
1111111111111	农夫山泉（大）

图 1－12　确认搬运

搬运员将货物搬运到托盘货架交接区，卸下货物，将搬运车归位，并从设备暂存区取出堆高车放置于交接区。

叉车需要利用 RFID 车载系统获得待上架货品的储位信息。登录 RFID 车载系统后，进入其应用操作主功能界面，如图 1－13 和图 1－14 所示。

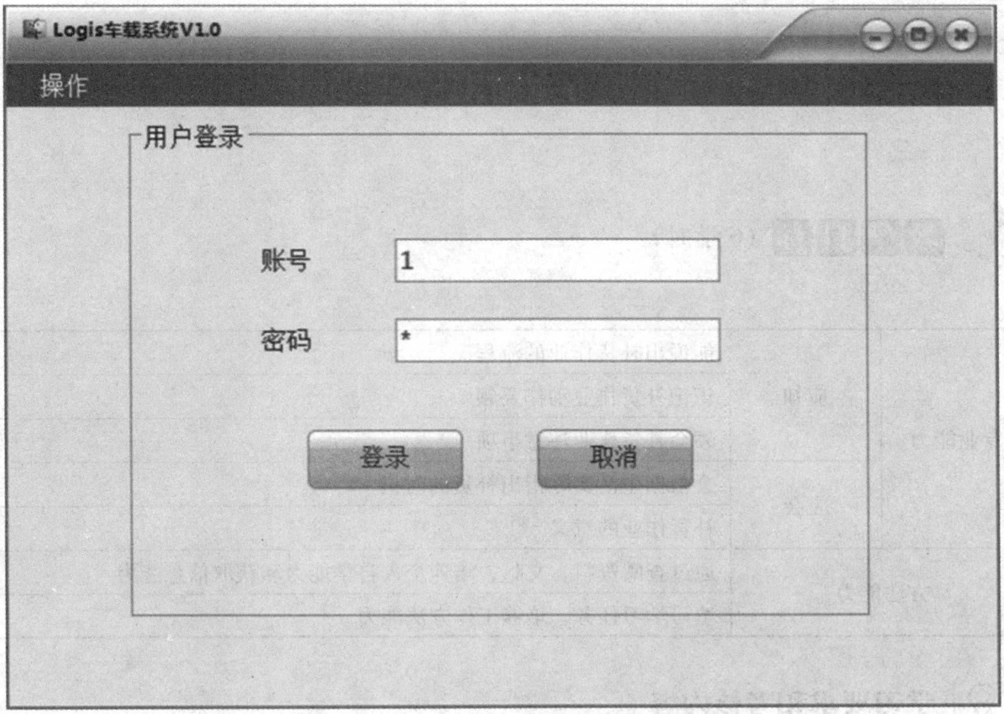

图 1－13　RFID 车载系统登录界面

图 1－14　RFID 车载系统操作界面

第三节　补货作业

专业能力	应知	能说出补货作业的流程
		识记补货作业动作要领
		领会补货作业注意事项
	应会	会根据生活实际指出补货的时机
		补货作业的意义
方法能力		通过查阅资料、文献，培养个人自学能力和获取信息能力
		填写学习任务，培养工作方法能力

学习要求和考核内容

根据学习要求进行四项学习：

（1）资讯（通过集中听课、自学、小组讨论等学习方式获取相应知识点）。

（2）教学给出学习任务单，学生分组学习。

（3）根据任务完成学习评估，并抽查和上台演讲。

（4）完成并上交学习任务单。

考核内容：

包括学生学习态度、团队协作、知识点掌握、上台展示能力、分析决策能力、问题掌控能力等。

序号	考核内容	考核标准
1	任务认知程度	根据任务准确获取学习资料，有学习记录
2	情感态度	学习精力集中，学习方法多样，积极主动，全部出勤
3	团队协作	听从指挥，服从安排，积极与小组成员合作，共同完成工作任务
4	学习计划制订及思考	有工作计划，计划内容完整，时间安排合理，工作步骤正确。积极思考，分析和解决

学习内容

一、补货作业在仓储作业中的地位

接到客户的订单后，信息员首先在系统中确认拣货位货品数量是否充足。若拣货位货品数量不足，则需信息员录入补货信息，生成补货计划，由仓管员和操作员进行补货作业。

补货作业是指包括从保管区域将货品移到另一个为了做订单拣选的电子拣选区域，然后将此迁移作业做进一步处理的总和。其目的是保证电子拣选区域有货可拣。所以，做好补货作业有利于提高物流作业的整体作业效率。

二、补货流程

在营业高峰期和结束营业前容易缺货，店长应要求店员及时发现商品缺货情况，并进行补货。补货以补满货架、端架或促销区为原则，尽量不堵塞通道，不妨碍顾客自由购物，补货时要注意保持卖场的清洁。

补货前要先对系统的库存数据进行确认，确定属于缺货时，将暂时缺货标签放置在货架上。补货品项依促销品项、主力品项、一般品项的重要等级依次补货上架。有保质期限的商品和食品必须遵循先进先出的原则。

补货时要注意检查商品的质量、外包装以及条码是否完好，价格标签是否正确。按区域依货架的顺序进行。店员可在不改变陈列位置和方法的前提下进行补货。

货架补齐后，要及时清理通道的垃圾和存货，垃圾送到指定点，存货送回库存区。

三、补货时机

补货作业的发生与否主要看拣货区的货物存量是否符合需求，因此究竟何时补货要看拣货区的存量，以避免出现在拣货中才发现拣货区货量不足需要补货，而造成影响整个拣货作业。通常，可采用批次补货、定时补货或随机补货三种方式。

1. 批次补货

在每天或每批次拣取之前，经电脑计算所需货品的总掠取量和拣货区的货品量，计算出差额并在拣货作业开始前补足货品。这种补货原则比较适合于一天内作业量变化不大、紧急追加订货不多，或是每批次拣取量需事先掌握的情况。

2. 定时补货

将每天划分为若干个时段，补货人员在时段内检查拣货区货架上的货品存量，如果发现不足，马上予以补足。这种“定时补足”的补货原则，较适合分批拣货时间固定且处理紧急追加订货的时间也固定的情况。

3. **随机补货**

随机补货是一种指定专人从事补货作业方式，这些人员随时巡视拣货区的分批存量，发现不足随时补货。此种“不定时补足”的补货原则，较适合于每批次拣取量不大、紧急追加订货较多，以至于一天内作业量不易事先掌握的情况。

四、补货作业中的注意事项

（1）对已变质、受损、破包、受污染、过期、条码错误等的商品严禁出售。

（2）需要补货时，必须先整理排面，维持好陈列柜的清洁。

（3）补货时要利用工具（平板车、五段车、周转箱等）进行补货，以减少体力支出，提高工作效率。

（4）叠放在栈板上的货品，应注意将重量及体积大的放在下层，体积小和易坏的放在上层，摆放整齐。

（5）补货完毕后迅速将工具、纸箱等整理干净。

（6）补货完毕后须检查价格是否与商品对应。

（7）补货时商品要轻拿轻放，避免因重摔而影响商品品质。

（8）补货和配货的概念不能混淆。

实操练一练

环境准备

1. 场地：现代物流综合作业实训室

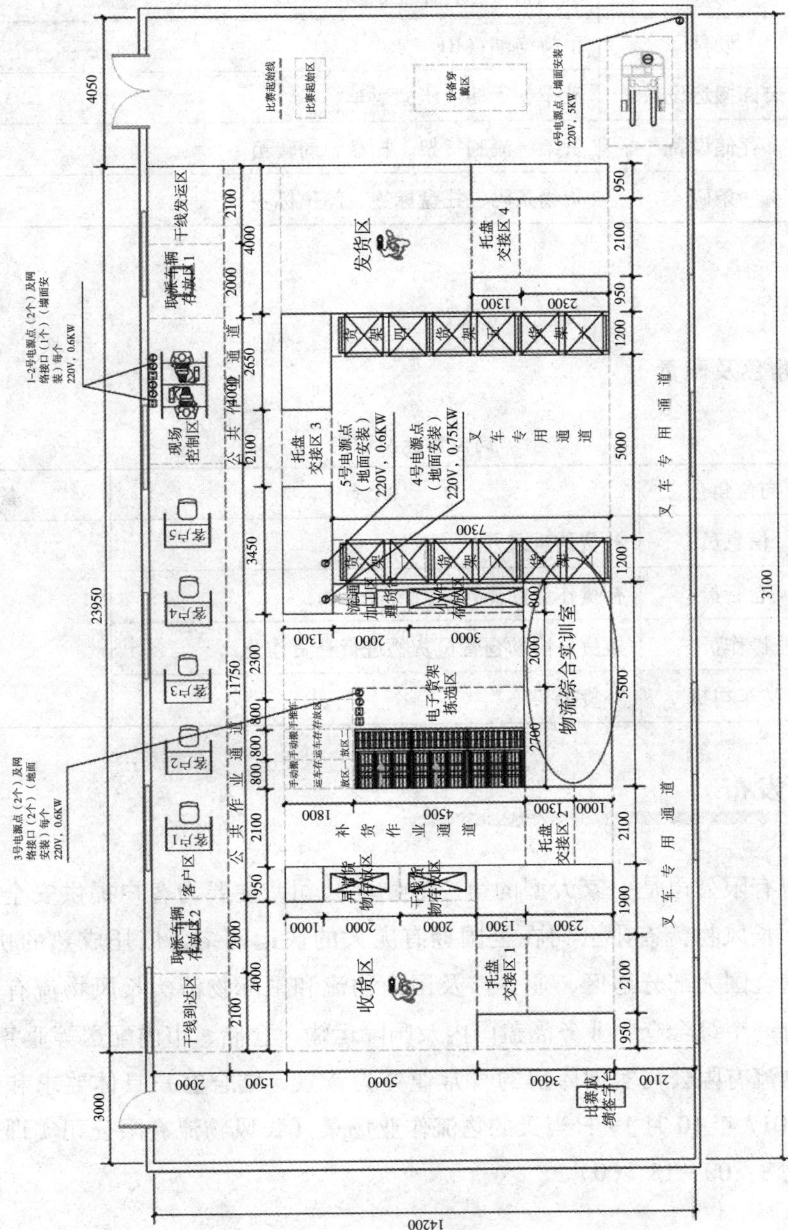

实训室室内具体布局情况

在补货作业实训中所能涉及的场地包括主通道、补货区、设备暂存区以及各存储区域，具体储区依据各入库任务而定。

2. **设施设备**

实训中所用到的设备和设施

序号	设备类别	详细信息
1	软件	现代物流综合作业系统
2	硬件	手持终端（RF）
3	装卸搬运设备	叉车、手动液压搬运车
4	存储设备	货架、流利货架、托盘、周转箱
5	条码	货物条码、托盘标签、储位标签

3. **单据**

补货单。

4. **岗位角色及职责**

岗位角色及职责

序号	岗位角色	职责	备注
1	信息员	补货信息录入	
2	仓管员	补货作业的操作	
3	操作员	接货、协助仓管员货物进行补货作业	
4	叉车司机	补货上架	

任务发布

长风物流有限公司是一家大型的第三方物流公司，主要为客户提供安全、快捷的仓运配服务。长风物流有限公司在全国拥有庞大的快运网络，依托成熟的快运平台，业务范围覆盖全国大部分地区，业务涉及国内物流和国际物流。长风物流有限公司在北京顺义建有一个综合仓，业务涵盖国内及国际运输、仓储、市内配送等业务。

以长风物流有限公司实训库房的日常业务为背景，结合客户具体要求和企业管理制度，模拟2017年10月19日当天的物流作业场景（长风物流有限公司实训库房每天的工作时间为8：00—18：00）。

补货单

序号	取货储位	商品名称	储位		目标储位	补货	
			整箱	零散		整箱	零散
01	C00003	清风（蓝）	20	3	A00104	1	0
02	C00101	心相印（绿）	20	3	A0C101	1	—
合计			40	6		2	0

注：上述补货下架货品和电子拣选货品的储位信息可以结合实训库房内的实际情况进行更改，只要保证待补货下架货品、电子拣选货品与储位信息一致即可。

任务要求：实训课程前，教师需要确定待下架的货品和流利货架上货品信息情况，核对货品标签、储位标签、周转箱标签是否清晰、可识别，对于标签破损的需要重新打印标签，粘贴在易于扫描的位置。此外，还需打印补货单。

信息员根据补货单进行补货单据的录入及作业任务的生成。

仓管员进行补货作业。

操作员准备搬运设备接货及辅助仓管员进行补货作业。

叉车司机进行补货下架作业和补货返库上架作业。

任务操作：补货作业

1. 任务流程

信息员接到补货通知后，生成补货作业计划，通知叉车司机进行补货下架作业，开启补货作业，并交给仓管员进行后续的补货作业处理。

叉车司机根据手持终端反馈的信息要求进行补货下架作业，待下架的货物在托盘货架区，在这个补货作业任务中，涉及的作业区域包括托盘货架区、托盘交接区、设备暂存区、补货区等作业区域。

2. 任务操作

步骤一：补货单信息录入。

无纸化补货作业首先需要录入补货单，并对订单进行处理，再利用手持终端完成补货作业操作。

信息员接到补货单的通知后，进入【订单管理】系统，根据实训任务要求，在【补货单】中【新增】一个补货单，如图 1 – 15 和图 1 – 16 所示。

步骤二：补货单处理。

补货单信息录入后，需要在【订单管理】中录入补货单信息，如图 1 – 17 所示。

步骤三：生成补货作业。

【补货作业提交】生成补货作业，如图 1 – 18 所示。

图1－15　系统页面

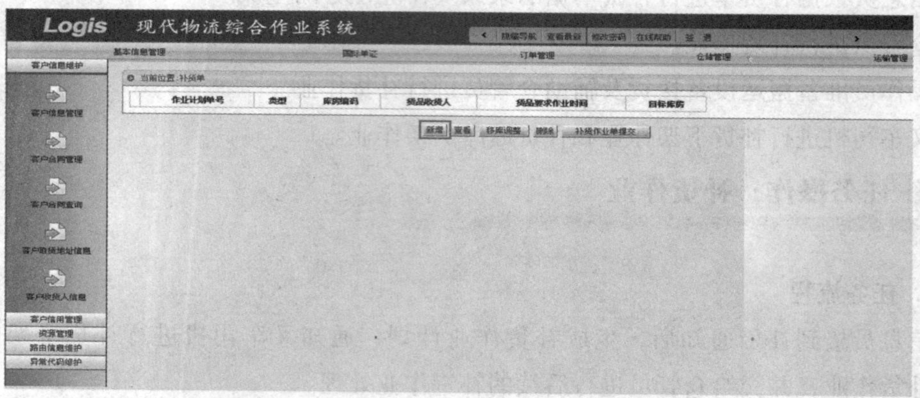

图1－16　新增补货单

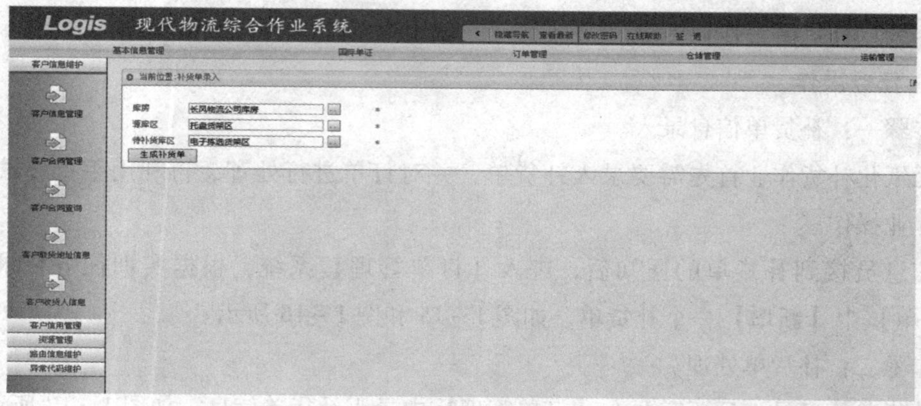

图1－17　补货单信息

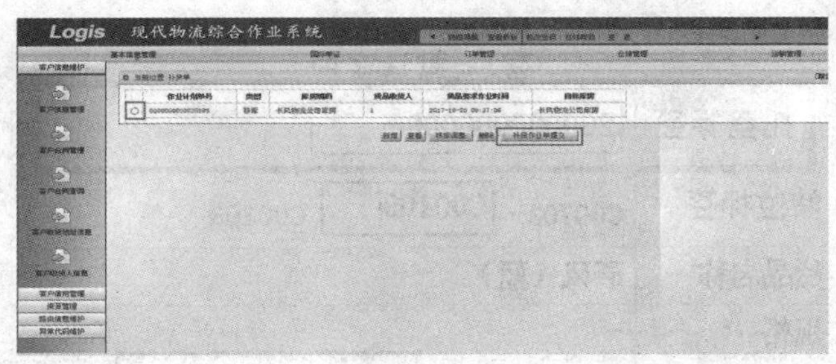

图 1－18　补货作业生成

步骤四：补货下架与搬运作业。

补货下架：补货作业生成后，叉车司机将货物从货架上卸下来。手持终端操作页面如图 1－19、图 1－20 和图 1－21 所示。

搬运作业：叉车司机将货物搬运到托盘交接区，卸下货物。手持终端操作如图 1－22 所示。

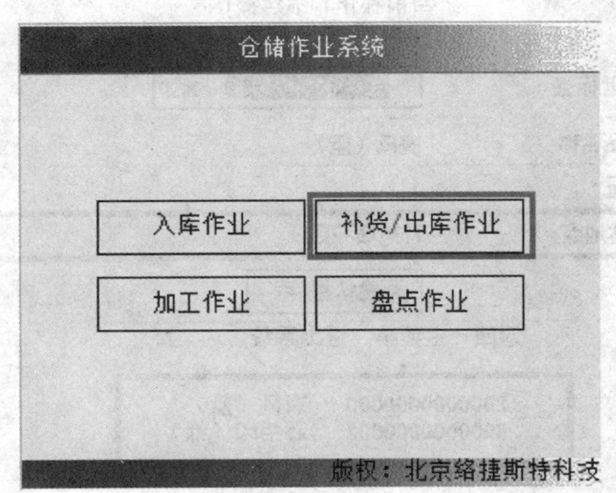

图 1－19　补货/出库作业

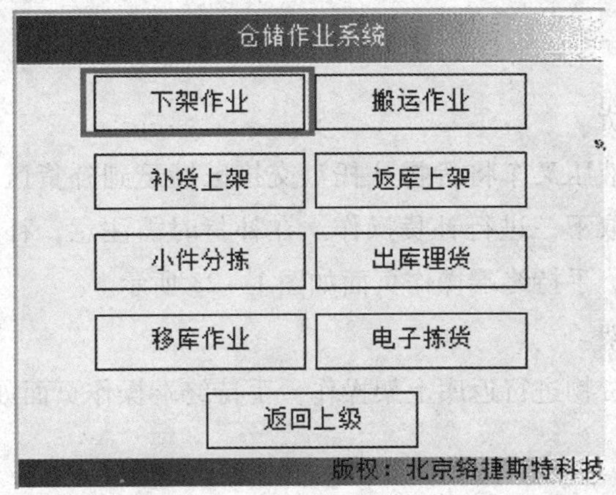

图 1－20　补货下架作业

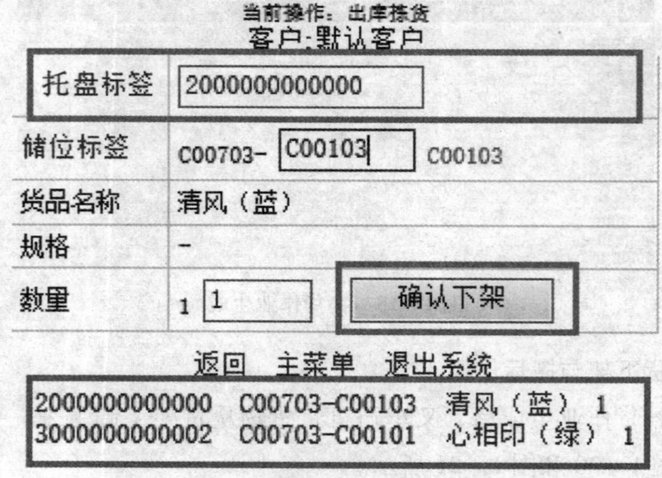

图 1－21　确认下架

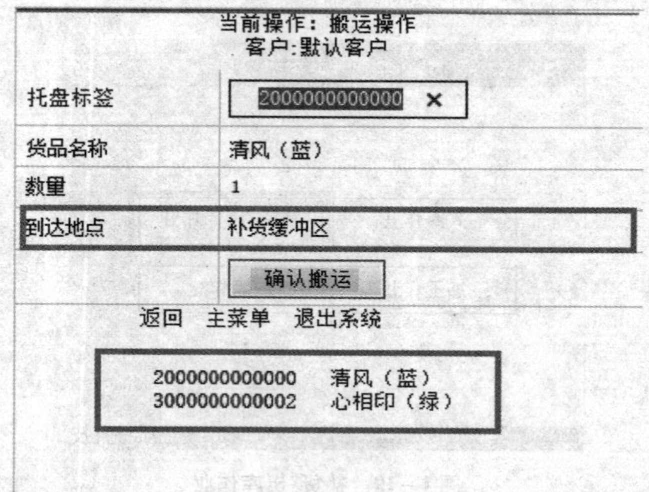

图 1－22　搬运作业

步骤五：手动补货。

操作员使用手动液压叉车将货物从托盘交接区搬运到补货区域，由仓管员将补货的实物箱子从托盘上取下，进行补货操作。在补货时需注意，补完货后的空纸箱需拆箱放至空纸箱回收处。手持终端操作页面如图 1－23 所示。

步骤六：返库上架。

叉车司机将剩余货物进行返库上架操作。手持终端操作页面如图 1－24 和图 1－25 所示。

当前操作：补货上架
客户:默认客户

货品条码	6922266438585
货品名称	清风（蓝）
目标储位	E00703- A00100 A00100
规格	–
数量	1 箱

确认补货

返回 主菜单 退出系统

图 1－23 确认补货

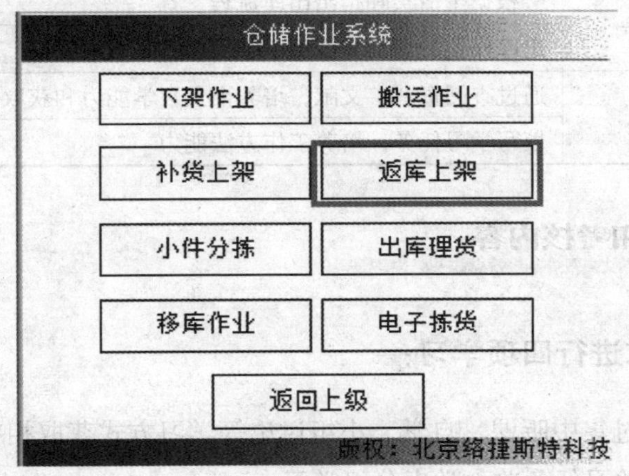

图 1－24 返库上架

当前操作：返库上架
客户:默认客户

托盘标签	2000000000000
货品名称	清风（蓝）
规格	–
数量	19
区储位	C00703- C00103 C00103

确认返库

返回 主菜单 退出系统

2000000000000 清风（蓝）

图 1－25 确认返库

第四节　出库作业

教学目标（12学时）

专业能力	应知	能说出出库作业的原则
		识记出库作业出库要求
		领会出库物资的形式
	应会	会根据生活实际指出出库流程
		出库作业的意义
方法能力		通过查阅资料、文献，培养个人自学能力和获取信息能力
		填写学习任务，培养工作方法能力

学习要求和考核内容

根据学习要求进行四项学习：

（1）资讯（通过集中听课、自学、小组讨论等学习方式获取相应知识点）。
（2）教学给出学习任务单，学生分组学习。
（3）根据任务完成学习评估，并抽查和上台演讲。
（4）完成并上交学习任务单。

考核内容：

包括学生学习态度、团队协作、知识点掌握、上台展示能力、分析决策能力、问题掌控能力等。

序号	考核内容	考核标准
1	任务认知程度	根据任务准确获取学习资料，有学习记录
2	情感态度	学习精力集中，学习方法多样，积极主动，全部出勤
3	团队协作	听从指挥，服从安排，积极与小组成员合作，共同完成工作任务
4	学习计划制订及思考	有工作计划，计划内容完整，时间安排合理，工作步骤正确。积极思考，分析和解决

学习内容

出库作业也称为发货作业，是商品存储阶段的终止，依据业务部门的出库计划，在办理出库手续基础上，进行备货、出货、付货和外运付货工作。出库环节是配送中心仓储部门与配送部门和商品使用单位直接发生联系的作业环节，因此做好出库工作对配送中心提高经营管理、配送效率和服务质量具有重要作用。

一、出库相关工作

（1）与收货单位、外运承运单位的联络工作。

（2）制订发货计划。

（3）核对及备货。

（4）办理交货手续。

二、出库要求

（1）三不：未接单据不翻账，未经审单不备货，未经复核不出库。

（2）三核：在发货时，要核实凭证，核对账卡，核对实物。

（3）五检查：对单据和实物要进行品名检查，规格检查，包装检查，件数检查，重量检查。

（4）严格执行各项规章制度，提高服务质量，杜绝差错事故，使顾客满意。

三、出库前的分拣

按照分拣手段的不同，分拣方式可以分为人工分拣、机械分拣和自动分拣三大类。人工分拣的主要缺点是劳动量大、效率低、错误率高。机械分拣是以机械为主要输送工具，当各个分拣位置的作业人员看到标签、编号等分拣标志物时，便把货物取出。自动分拣则是从货物进入分拣系统直到送到指定分配位置为止，整个过程都是由自动分拣装置按照人们的指令来完成的。按照配货方式不同，分拣还可以分为摘果式和播种式两种。

1. 摘果式（DPS）拣货

DPS 拣货是依靠电子标签系统，对每份订单的货品逐一进行拣选。它与人工摘果式拣货的区别在于 DPS 拣货过程中信息无纸化传递，拣货员只需要根据电子标签系统提示的信息拣选货品，这种方法更准确、快捷，减少了拣货员的劳动强度，也大大提升了准确率。

DPS 拣货作业流程主要步骤如下。

（1）贴周转箱标签。

（2）取箱核对电子标签显示信息与周转箱标签信息。

（3）利用计算机辅助拣货系统 CAPS 摘取拣货。

（4）搬运货品至复核区。

2. 播种式（DAS）拣货

DAS 拣货同样也是依靠电子标签系统，根据电子标签系统提示的信息拣选货物。它与 DPS 拣货的区别在于 DPS 拣货是按照每张订单进行拣货，拣完货后不用再进行分货，摘果式电子标签系统对应的是货位；而 DAS 拣货是按照货品类型进行拣货，该方式汇总一定时间内的所有订单，拣选货品的数量是对应时间段里所有订单的总数，拣完货后需要依据各份订单进行分货，播种式电子标签对应的是客户或者门店。

DAS 播种式拣货作业流程如下。

（1）汇总订单的货品数量。

（2）播种数据导入。

（3）DAS 播种。

（4）搬运至复核区。

四、商品出库的形式

（1）自提：物流人员通知收货人去仓库亲自提货，收货人需持出库凭证或提货单自行到仓库提货，物流人员按照提货单上货物品名、规格、数量等将货物交给收货人。

（2）送货：仓库或配送中心受收货人委托，将其所需要的货物，按出库凭证所列内容运送到收货人指定地点，并当场点交。

（3）代运：仓库受外埠用户委托，按单将货物配齐后通过铁路、水运、航空、邮寄等方式，将货物发至用户所在地的车站、码头、邮局提货。此种出库形式的交接，是与铁路、水运等运输部门进行的，仓库按规定程序办理完托运手续并取得运输部门的承运凭证，将应发货物全部点交承运部门后，责任才开始转移。

（4）过户：仓库内的物料不动，通过转账来改变物权所有人的一种空发货的方式。原货主需要填制出库单据，新货主需要填制入库单据。

（5）取样：为了商检和样品成列的需要，拆箱打开包装抽取样品，缮制出库单并销账。

实操练一练

环境准备

1. 场地：现代物流综合作业实训室

在出库实训中所能涉及的场地包括：托盘货架区、出库理货区、电子拣选区、主通道、设备暂存区等区域。

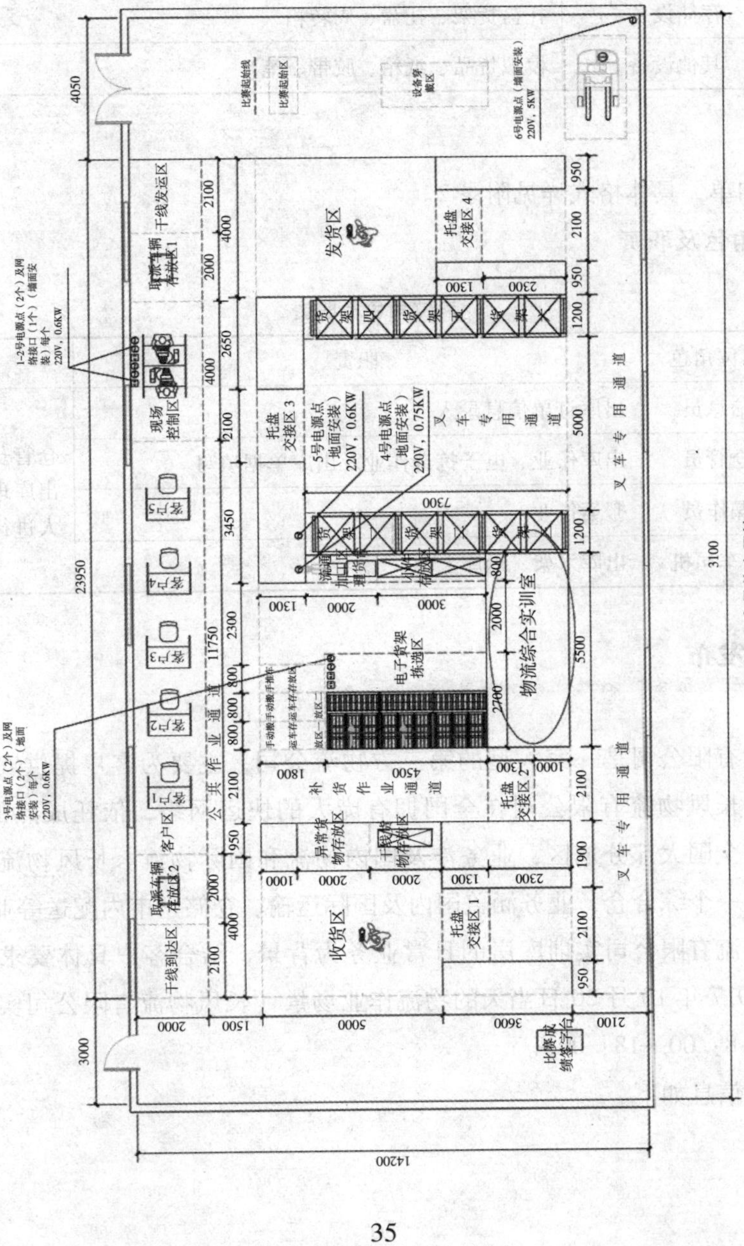

实训室内具体布局情况

2. 设施设备

实训中所用到的设备和设施

序号	设备类别	详细信息
1	软件	仓储管理系统
2	硬件	手持终端（RF）
3	装卸、搬运设备	叉车、手推车
4	条码	货物条码、周转箱标签、储位标签、托盘标签
5	存储设备	托盘货架、托盘、周转箱
6	其他设备	模拟货品、纸箱、胶带、笔

3. 单据

出库通知单，具体格式详见附录2。

4. 岗位角色及职责

岗位角色及职责

序号	岗位角色	职责	备注
1	信息员	出库订单信息录入	仓管员需签字，在出库理货区与收货人进行交接
2	仓管员	出库作业、电子拣选作业及出库单据填写	
3	操作员	搬运作业	
4	叉车司机	出库下架、返库上架	

任务发布

长风物流有限公司是一家大型的第三方物流公司，主要为客户提供安全、快捷的仓运配服务。长风物流有限公司在全国拥有庞大的快运网络，依托成熟的快运平台，业务范围覆盖全国大部分地区，业务涉及国内物流和国际物流。长风物流有限公司在北京顺义建有一个综合仓，业务涵盖国内及国际运输、仓储、市内配送等业务。

以长风物流有限公司实训库房的日常业务为背景，结合客户具体要求和企业管理制度，模拟2017年10月20日当天的物流作业场景（长风物流有限公司实训库房每天的工作时间为8：00—18：00）。

出库订单信息如下。

出库通知单1

发货库房：实训库房　　　　　　　　客户：北京物美商业集团股份有限公司
收货单位：华联超市　　　　　　　　订单日期：2017-10-20
客户指令号：20171120X001

货品编码	货品名称	包装规格	数量	单位
6921168509256	农夫山泉（大）	5cm×5cm×23cm	2	瓶
6922255451427	百岁山饮用天然矿泉水	5cm×5cm×23cm	2	瓶
6903244958110	心相印（绿）	15cm×15cm×15cm	1	箱
6954148802740	琥珀卷筒纸（绿）	15cm×15cm×15cm	1	卷
6902538005387	脉动维生素饮料	285mm×380mm×270mm	30	箱

注：上述出库货品的储位信息可以结合实训库房内的实际情况进行更改，只要保证待下架货品与储位信息一致即可。

任务要求如下。

实训课程前，教师需要确定待下架的货品信息情况，核对货品标签、储位标签是否清晰、可识别，对于标签破损的需要重新打印标签，粘贴在易于扫描的位置。此外，还需打印出库通知单。

信息员对出库订单进行出库单据的录入及作业任务的生成。

仓管员根据出库通知单进行出库和电子拣选作业，以及出库单据的填写和交接。

操作员根据出库单准备拣货及搬运设备，进行拣选和搬运作业。

叉车司机根据手持终端的信息反馈，进行出库下架作业和返库上架作业。

任务操作：出库作业

1. 任务流程

信息员接到出库通知后，生成出库作业计划，交给仓管员进行后续的出库作业处理，待取货人员来提货进行出库交接。

根据客户订单信息要求，仓管员核对信息时，待出库的货物在托盘货架区，且需出库下架整托货品。在这个整托出库的作业任务中，涉及的作业区域包括托盘货架区，货物整托下架作业区域；设备暂存区，搬运员取用下架、搬运设备的作业区域；出库理货区，货物在出库前进行清点核对、出库单据交接的作业区域。

2. 任务操作

步骤一：客户订单管理。

无纸化整托出库作业和电子拣选作业首先需要录入出库订单，并对订单进行处理，再利用手持终端完成拣货、下架操作。

信息员接到客户的出库通知后，进入【订单管理】系统，根据实训任务要求，在【客户订单】中【新增】一个出库订单，分别对订单信息、订单出库信息及订单货品进行维护，打印出库通知单。如图 1－26、图 1－27、图 1－28 和图 1－29 所示。

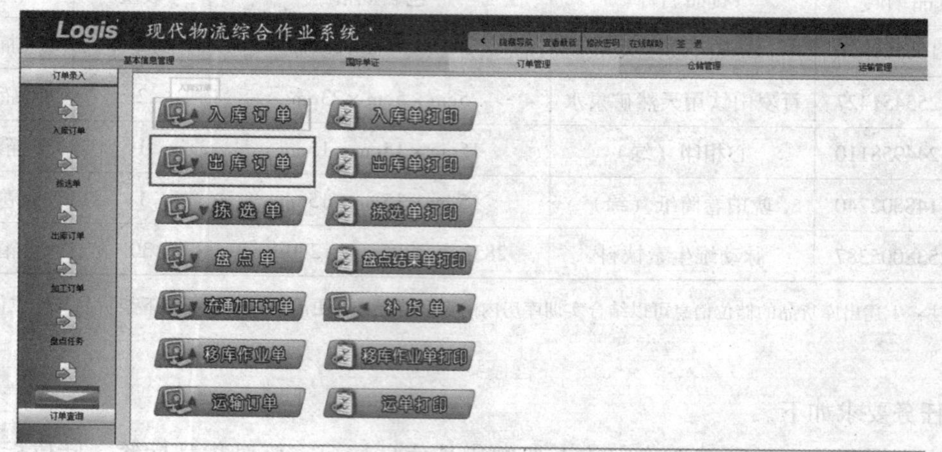

图 1－26　新增出库订单

图 1－27　订单出库信息

步骤二：拣选单录入。

拣货作业是根据订单处理后的拣货作业单，对出库货品进行拣选操作。点击【订单录入】—【拣选单】，进入拣货作业单页面，如图 1－30 所示。

新增一个拣选单，并勾选相对应的出库单，准备进入下一步拣选作业，如图 1－31 所示。

选择相对应的出库作业单，点击【拣选】按钮，进入拣选页面。从待拣选作业区域中，勾选拣货单，确认具体的下架货位信息，点选该条存储记录，系统将会把该储

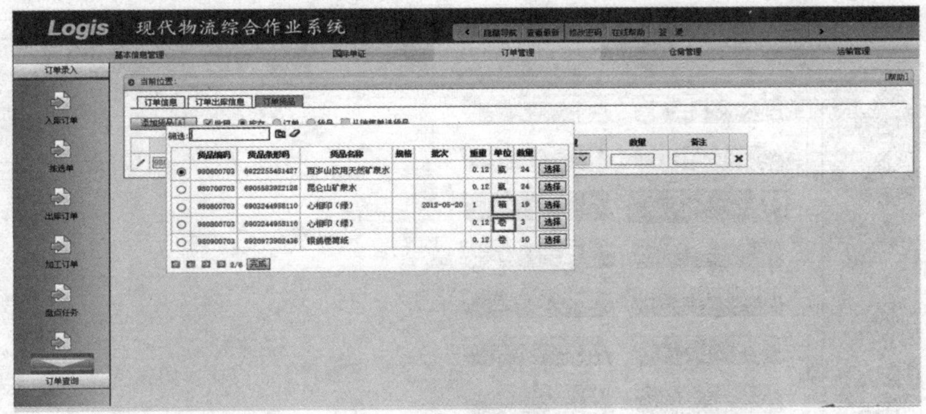

图1－28　订单货品信息

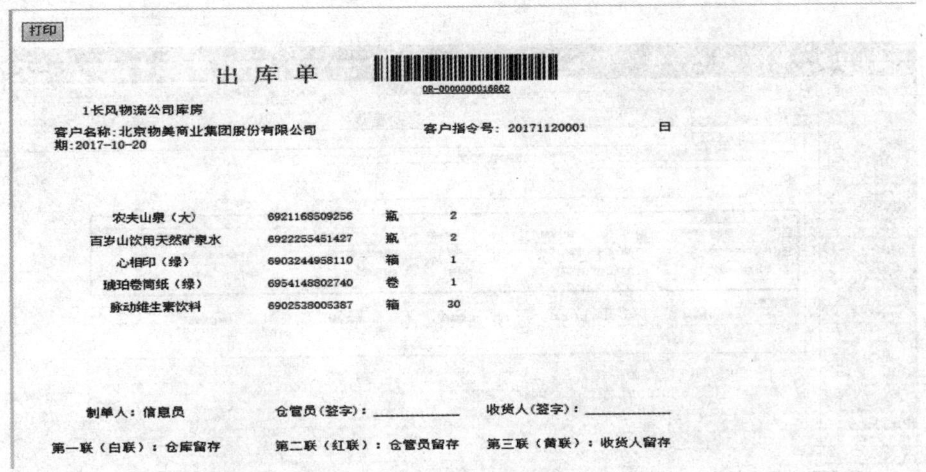

打印

出 库 单

OR-0000000016862

1长风物流公司库房

客户名称：北京物美商业集团股份有限公司　　客户指令号：20171120001　　日期：2017-10-20

农夫山泉（大）	6921168509256	瓶	2
百岁山饮用天然矿泉水	6922255451427	瓶	2
心相印（绿）	6903244958110	箱	1
琥珀卷筒纸（绿）	6954148802740	卷	1
脉动维生素饮料	6902538005387	箱	30

制单人：信息员　　仓管员（签字）：__________　　收货人（签字）：__________

第一联（白联）：仓库留存　　第二联（红联）：仓管员留存　　第三联（黄联）：收货人留存

图1－29　出库通知单

位的编号、货位号、货品信息、批次等情况提取出来，如图1－32和图1－33所示。

填选待下架货品数量，确认无误后，点击【确认拣货】。完成重型货架下架拣选的系统处理操作。

步骤三：RF整箱出库。

叉车司机、仓管员、操作员收到拣选作业计划后，利用手持终端启动出库作业任务。使用指定的用户名和密码登录手持终端系统，如图1－34所示。

叉车司机登录手持终端系统后，进入其应用操作主功能界面，选择【出库作业】，进入理货的操作界面，如图1－35所示。

叉车司机将托盘货物从托盘货架区下架之前，需在手持终端上完成搬运的操作。点击【出库作业】按钮，启动出库作业，首先点击【出库理货】，找到相对应的出库

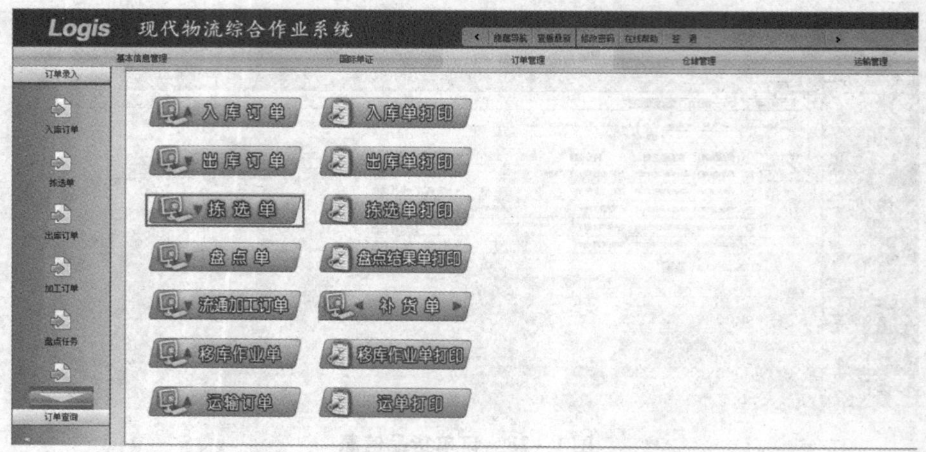

图 1－30　新增拣选单

图 1－31　勾选出库单

订单，点击【开始】，如图 1－36 和图 1－37 所示。

理完货后，就可以开始下架作业，进入出库下架作业，如图 1－38 所示。

叉车司机扫描托盘标签，系统会自动带出相应的储位、货品信息，信息采集成功后，手持终端系统将自动显示默认拣货数量，下架信息核对无误后，点击【确定】并【提交】，完成下架作业，如图 1－39 所示。

启动出库理货后，到出库作业操作界面，点击【搬运】，扫描相对应的下架搬运托盘的标签，点击【确认搬运】，如图 1－40 所示。

下架完成后，叉车司机使用叉车将货物搬运至托盘货架交接区，并将其放回设备暂存区。

图 1－32　电子拣选作业

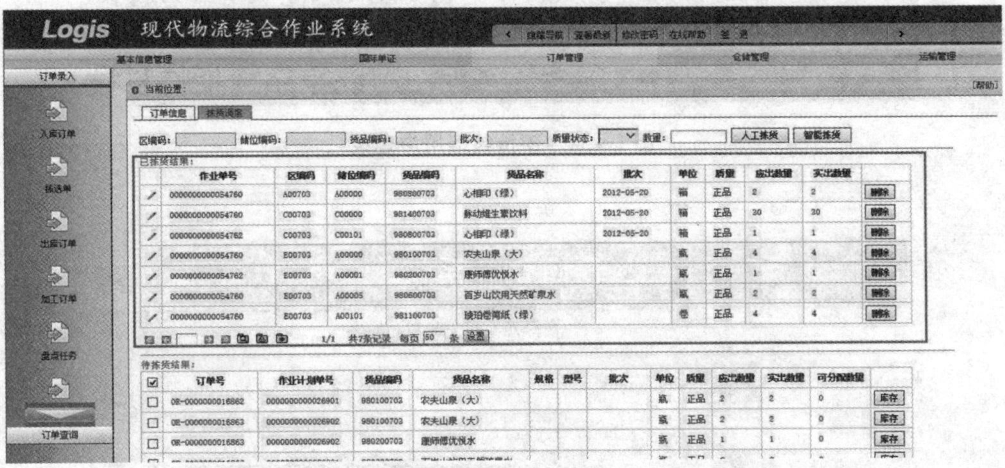

Logis 现代物流综合作业系统

基本信息管理　国际单证　订单管理　仓储管理　运输管理

订单录入　入库订单　拣选单　出库订单　加工订单　盘点任务　订单查询

当前位置:

订单信息　拣货调度

区编码:　储位编码:　货品编码:　批次:　质量状态:　数量:　人工拣货　智能拣货

已拣货结果:

	作业单号	区编码	储位编码	货品编码	货品名称	批次	单位	质量	应出数量	实出数量	
/	000000000054760	A00703	A00000	980800703	心相印（绿）	2012-05-20	箱	正品	2	2	删除
/	000000000054760	C00703	C00000	981400703	脉动维生素饮料	2012-05-20	箱	正品	20	20	删除
/	000000000054762	C00703	C00101	980800703	心相印（绿）	2012-05-20	箱	正品	1	1	删除
/	000000000054760	E00703	A00000	980100703	农夫山泉（大）		瓶	正品	4	4	删除
/	000000000054762	E00703	A00001	980200703	康师傅优悦水		瓶	正品	1	1	删除
/	000000000054760	E00703	A00005	980600703	百岁山饮用天然矿泉水		瓶	正品	2	2	删除
/	000000000054760	E00703	A00101	981100703	琥珀卷筒纸（绿）		卷	正品	4	4	删除

1/1　共7条记录　每页 50 条　设置

待拣货结果:

☑	订单号	作业计划单号	货品编码	货品名称	规格	型号	批次	单位	质量	应出数量	实出数量	可分配数量	
☐	OR-0000000016862	000000000026901	980100703	农夫山泉（大）				瓶	正品	2	2	0	库存
☐	OR-0000000016863	000000000026902	980100703	农夫山泉（大）				瓶	正品	2	2	0	库存
☐	OR-0000000016863	000000000026902	980200703	康师傅优悦水				瓶	正品	1	1	0	库存

图 1－33　重型货架拣选作业

步骤四：RF 电子拣选。

仓管员、操作员收到拣选作业计划后，利用手持终端启动出库作业任务。使用指定的用户名和密码登录手持终端系统，如图 1－41 所示。

仓管员登录手持终端系统后，进入其应用操作主功能界面，选择【出库作业】，进入理货的操作界面，如图 1－42 所示。

进入【出库作业】操作界面，点击【出库理货】，找到相对应的出库订单，点击【开始】，如图 1－43 和图 1－44 所示。

然后再返回【出库作业】操作界面中，点击【电子拣货】，如图 1－45 所示。

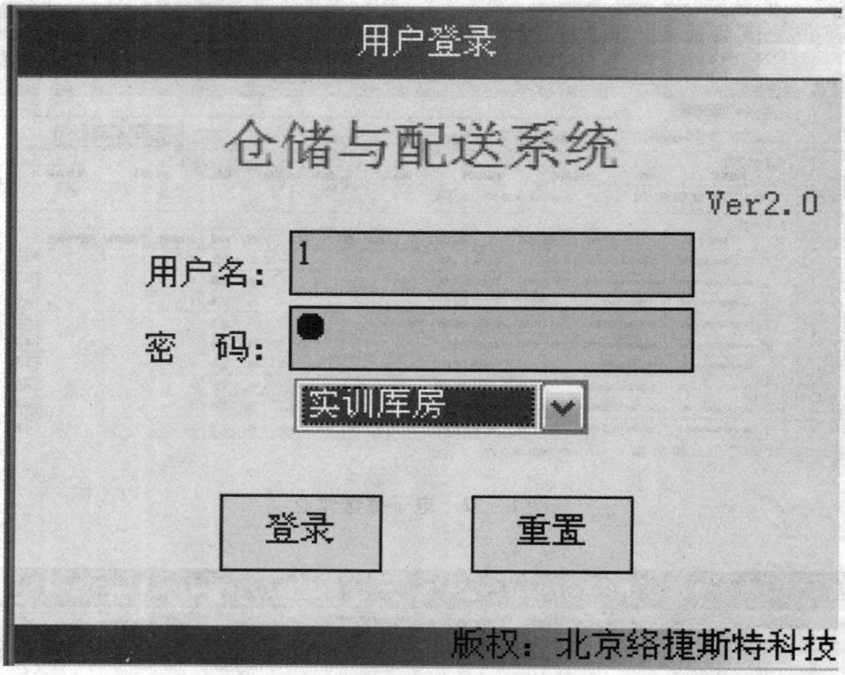

图 1－34 手持终端用户登录

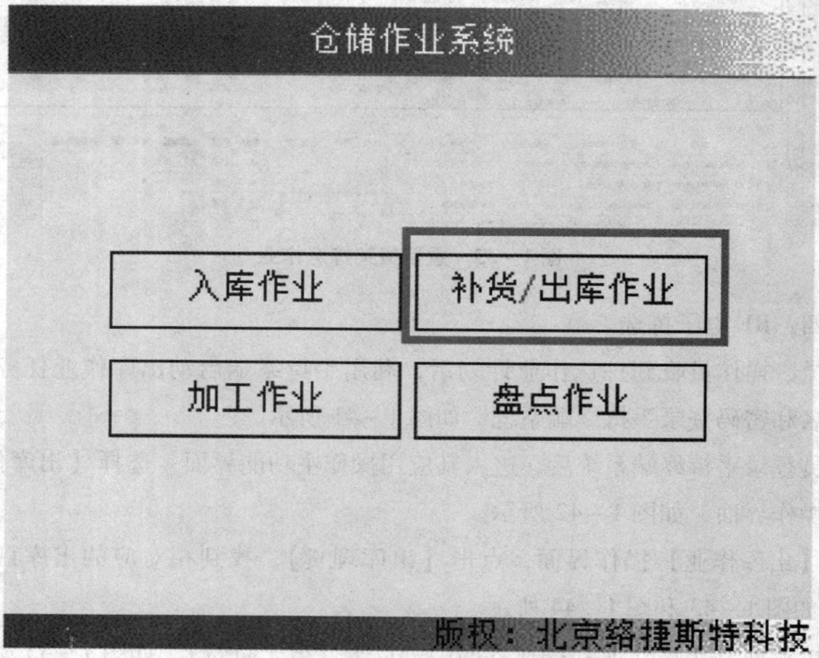

图 1－35 出库作业

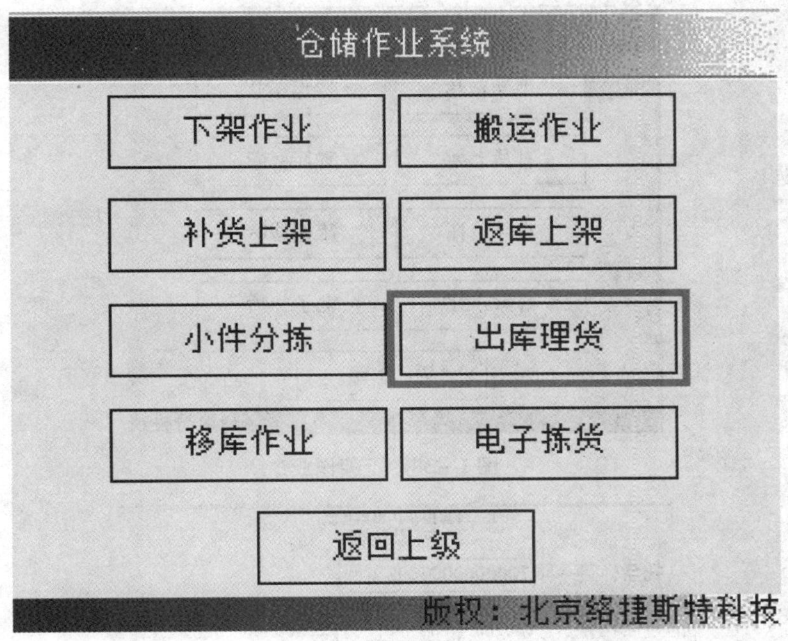

图 1－36　出库理货

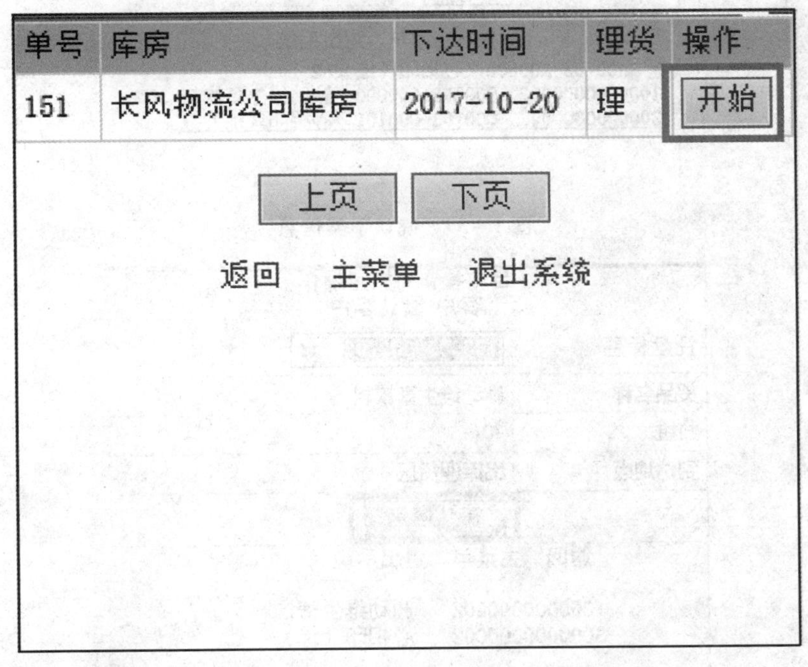

图 1－37　确认理货

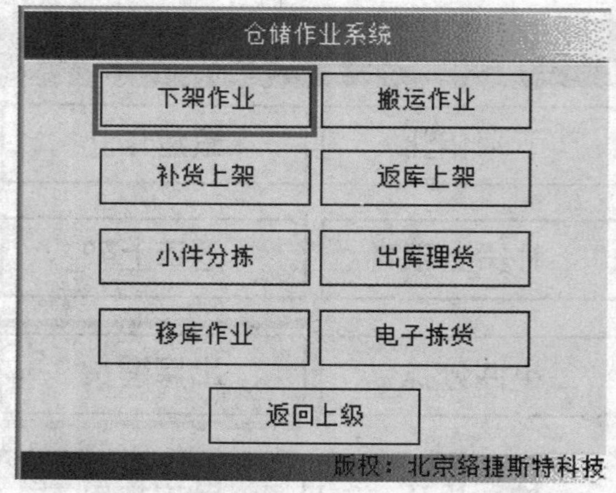

图 1－38　下架作业

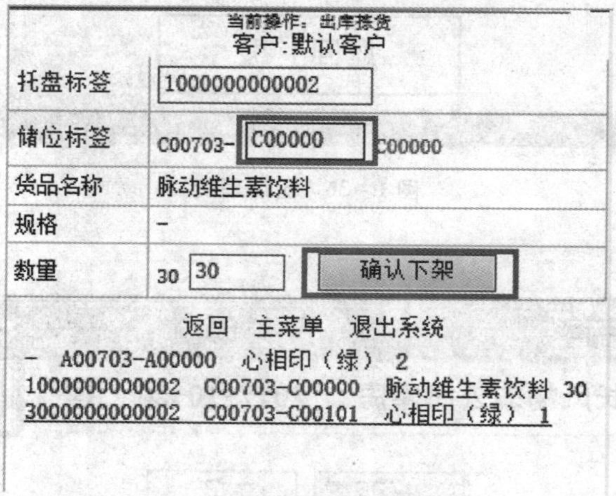

当前操作：出库拣货
客户:默认客户

托盘标签	1000000000002
储位标签	C00703- C00000 C00000
货品名称	脉动维生素饮料
规格	-
数量	30 30 确认下架

返回　主菜单　退出系统

- A00703-A00000 心相印（绿） 2
1000000000002 C00703-C00000 脉动维生素饮料 30
3000000000002 C00703-C00101 心相印（绿） 1

图 1－39　确认下架信息

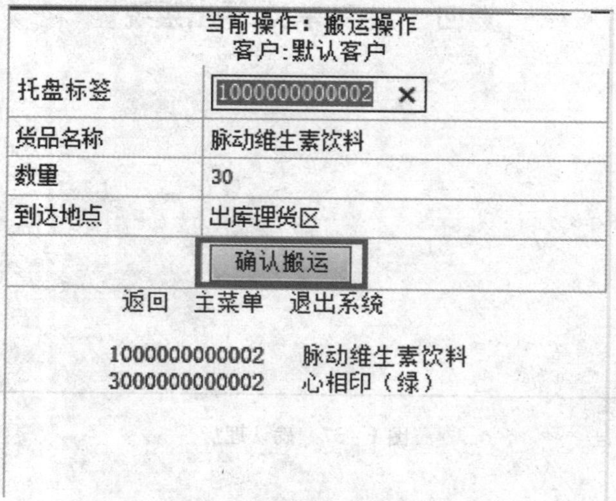

当前操作：搬运操作
客户:默认客户

托盘标签	1000000000002 ×
货品名称	脉动维生素饮料
数量	30
到达地点	出库理货区

确认搬运

返回　主菜单　退出系统

1000000000002　脉动维生素饮料
3000000000002　心相印（绿）

图 1－40　确认搬运

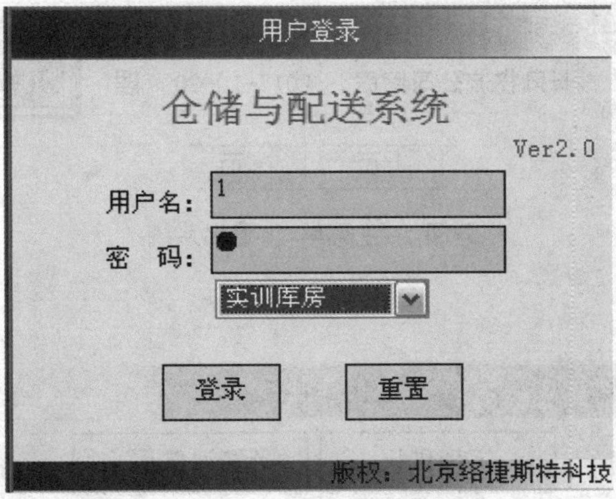

用户登录
仓储与配送系统
Ver2.0
用户名：
1
密 码：
实训库房
登录
重置
版权：北京络捷斯特科技

图 1-41 手持终端用户登录

仓储作业系统
入库作业
补货/出库作业
加工作业
盘点作业
版权：北京络捷斯特科技

图 1-42 补货/出库作业

仓储作业系统
下架作业
搬运作业
补货上架
返库上架
小件分拣
出库理货
移库作业
电子拣货
返回上级
版权：北京络捷斯特科技

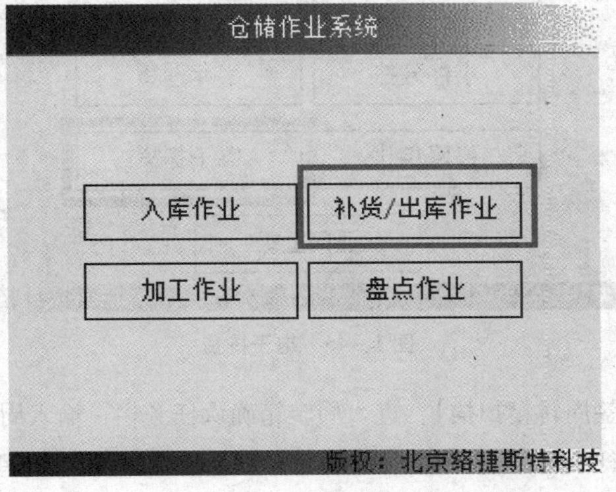

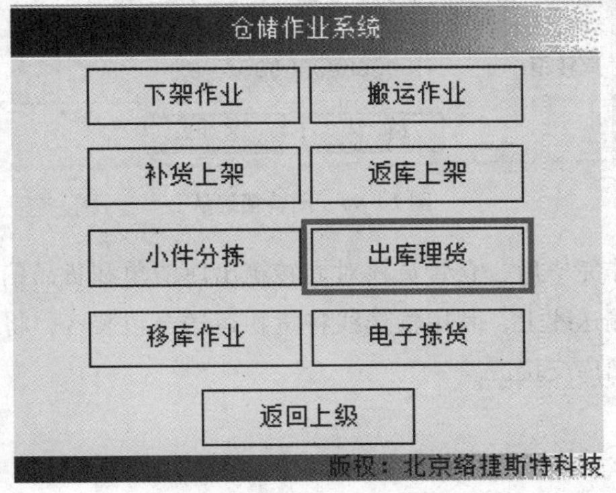

图 1-43 出库理货

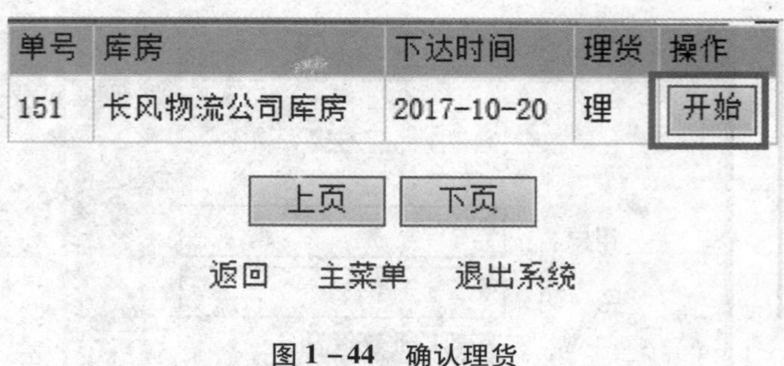

图 1－44　确认理货

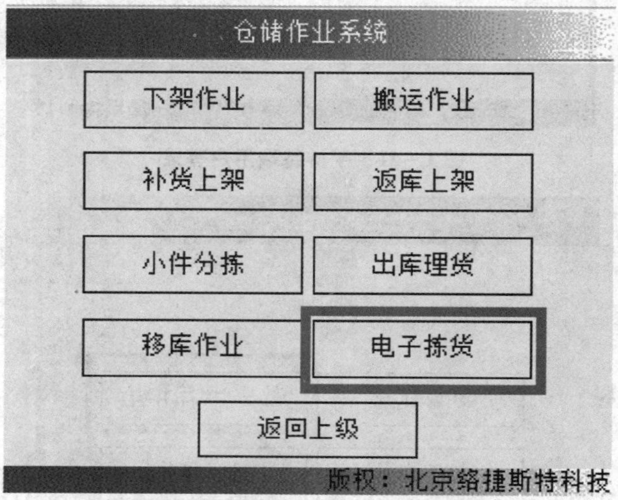

仓储作业系统
下架作业
搬运作业
补货上架
返库上架
小件分拣
出库理货
移库作业
电子拣货
返回上级
版权：北京络捷斯特科技

图 1－45　电子拣货

选择【电子标签周转箱扫描】，进入周转箱确认任务栏，输入周转箱号后点击【确认】，手持终端会将电子标签点亮，完成周转箱确认操作，如图 1－46 所示。

图 1－46　周转箱确认

待货物拣选操作完毕后，仓管员核对周转箱出库清单和货品信息，操作员需要将待出库货物放置到输送线上，利用输送线将货物运送至包装区，将包装后的货物放置手推车上，搬运至出库交接区。

第五节 盘点作业

教学目标（6学时）

<table>
<tr><td rowspan="5">专业能力</td><td rowspan="3">应知</td><td>能说出盘点作业的目的</td></tr>
<tr><td>识记盘点作业的内容</td></tr>
<tr><td>领会盘点作业动作要领</td></tr>
<tr><td rowspan="2">应会</td><td>会根据生活实际指出盘点作业的步骤</td></tr>
<tr><td>盘点作业的意义</td></tr>
<tr><td colspan="2" rowspan="2">方法能力</td><td>通过查阅资料、文献，培养个人自学能力和获取信息能力</td></tr>
<tr><td>填写学习任务，培养工作方法能力</td></tr>
</table>

学习要求和考核内容

根据学习要求进行以下四项学习。

（1）资讯（通过集中听课、自学、小组讨论等学习方式获取相应知识点）。

（2）教学给出学习任务单，学生分组学习。

（3）根据任务完成学习评估，并抽查和上台演讲。

（4）完成并上交学习任务单。

考核内容

包括学生学习态度、团队协作、知识点掌握、上台展示能力、分析决策能力、问题掌控能力等。

序号	考核内容	考核标准
1	任务认知程度	根据任务准确获取学习资料，有学习记录
2	情感态度	学习精力集中，学习方法多样，积极主动，全部出勤
3	团队协作	听从指挥，服从安排，积极与小组成员合作，共同完成工作任务
4	学习计划制订及思考	有工作计划，计划内容完整，时间安排合理，工作步骤正确。积极思考，分析和解决

学习内容

一、盘点作业

在仓库和配送中心，由于货物不断地进出库，在长期的累积下，容易出现库存物料与实际数量不相符的现象。有时部分产品因存放过久、养护不当，导致质量受到影响，难以满足客户的要求。为有效地控制货品数量和质量，而对各储存场所进行数量清点的作业，称为盘点作业。

二、盘点作业的主要目的

盘点是仓储作业一项重要的日常工作。通过盘点核对系统库存数量与实物数量是否一致，检查货物状态是否正常，保证库存货物质量良好、数量正确，为库存分配、补货、发货等作业提供良好的基础。

三、盘点作业的内容

（1）检查数量。通过计数等方法检查货物在库的实际数量，核对库存账面资料与实际库存数量是否一致。

（2）检查质量。检查在库物品有无质量变化，是否超过有效期和保质期，是否有长期积压等现象，必要时还需要对物品进行技术检验。

（3）检查保管条件。检查保管条件是否与各种物品的保管要求相符合。

四、盘点方法

1. 表单盘点

表单盘点比较传统，盘点的依据主要是盘存单。

2. RF 盘点

RF 盘点相对先进，盘点的依据主要是 RF 终端设备显示的货物信息。

五、盘点的作业流程

1. 表单盘点

表单盘点作业流程的关键步骤如下。

（1）盘点准备。确定盘点程序和盘点方法；安排盘点人员；盘存单打印准备；仓库清理。

（2）初盘。由仓管员先清点各自所负责区域的货物，将清点结果填入盘存单相应栏位。

（3）复盘。复盘人员复盘，并将复盘结果填入盘存单的相应栏位。

（4）盘点核对。由第三人核对盘存单，检查前两人的记录是否相同且正确。

（5）库存统计。盘存单交仓库统计员，合计货物库存总量。

（6）盘点结果处理。仓库主管核对财务信息与盘点信息是否一致，若不一致，进行差异处理。

（7）盘点确认。盘点结果处理完毕，仓库主管签字确认。

2. RF 盘点

RF 盘点作业流程如下。

（1）盘点准备。在系统中生成盘点单号，录入盘点计划；盘点人员在 RF 上输入盘点单号，获取盘点任务。

（2）RF 扫描储位。操作人员用 RF 终端设备扫描要盘点的储位条码。

（3）货物扫描。依据 RF 终端设备提示，使用 RF 终端设备扫描货物条码，同一货物只需要扫描一次条码。

（4）数量输入。输入该货物清点后确认的数量。

（5）数据核对。在系统中查询盘点差异。如无差异将盘点结果导入系统，若存在差异则进行差异处理。

（6）盘点确认。盘点结果处理完毕，仓库主管签字确认。

六、盘点差异处理

（1）由于人为盘点操作不规范导致的盘点差异，可通过再次复盘解决。

（2）由于财务制度造成的盘点差异，由主管部门调整和完善财务制度。

（3）盈处理：应及时上报领导审批后再调整账务，加强管理，保证以后财务处理的正确性。

（4）亏处理：如果是发错货，公司应给予相关责任人适当处罚，并同时安排人员查找收货单位尽快追回货物；如果是因管理不善而丢失货物，则公司应及时处理，以赔偿等方式来解决问题。

（5）分析盘点差异产生的原因并制定对策，请上级主管部门就盘点差异的处理方法进行批示。

实操练一练

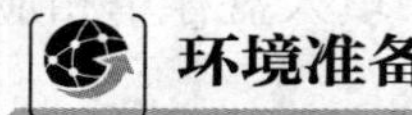

环境准备

1. 场地：现代物流综合作业实训室

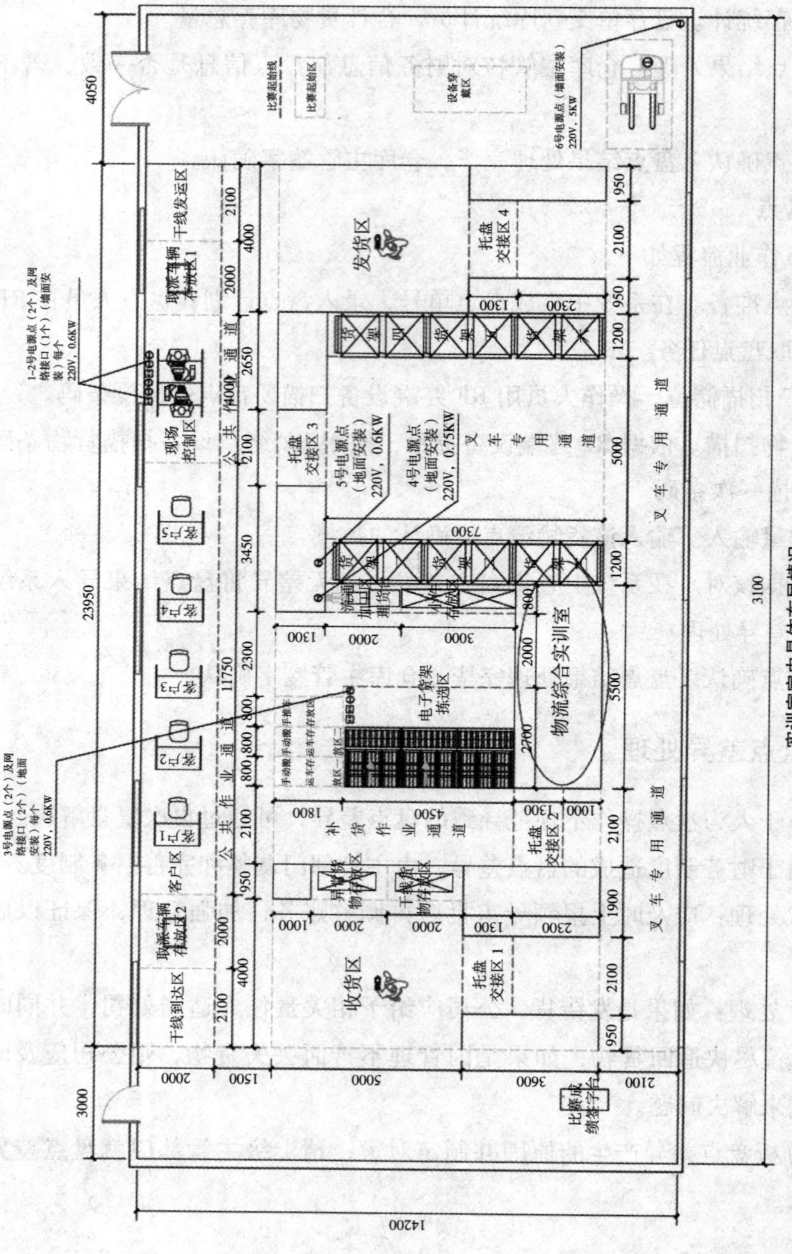

实训室室内具体布局情况

在出库实训中所能涉及的场地包括电子拣选区、主通道、补货区等区域。

2. **设施设备**

实训中所用到的设备和设施

序号	设备类别	详细信息
1	软件	仓储管理系统
2	硬件	手持终端（RF）
3	条码	货物条码、储位标签
4	存储设备	周转箱
5	其他设备	模拟货品、纸箱、胶带、笔

3. **单据**

盘点单。

4. **岗位角色及职责**

岗位角色及职责

序号	岗位角色	职责	备注
1	信息员	生成盘点作业计划、打印盘点单	仓管员需在盘点结果单上签字
2	仓管员	盘点作业	
3	操作员	辅助盘点作业	
4	叉车司机	辅助盘点作业	

任务发布

长风物流有限公司是一家大型的第三方物流公司，主要为客户提供安全、快捷的仓运配服务。长风物流有限公司在全国拥有庞大的快运网络，依托成熟的快运平台，业务范围覆盖全国大部分地区，业务涉及国内物流和国际物流。长风物流有限公司在北京顺义建有一个综合仓，业务涵盖国内及国际运输、仓储、市内配送等业务。

以长风物流有限公司实训库房的日常业务为背景，结合客户具体要求和企业管理制度，模拟 2017 年 10 月 20 日当天的物流作业场景（长风物流有限公司实训库房每天的工作时间为 8：00—18：00）。

盘点作业：

当天完成仓储作业任务后，请对拆零拣选区的所有货位进行盘点，并打印盘点结果单。

【备注】：流利货架上模拟货品的储位信息可以结合实训库房内的实际情况进行更改，只要保证待盘点货品与储位信息一致即可。

任务要求：

实训课程前，教师需要确定待盘点的货品信息情况，核对货品标签、储位标签是否清晰、可识别，对于标签破损的需要重新打印标签，粘贴在易于扫描的位置。此外，还需打印盘点作业任务单。

信息员将出库订单进行出库单据的录入及作业任务的生成。

仓管员根据出库通知单进行出库和电子拣选作业，以及出库单据的填写和交接。

操作员根据出库单准备拣货及搬运设备，进行拣选和搬运作业。

叉车司机根据手持终端的信息反馈，进行出库下架作业和返库上架作业。

任务操作：盘点作业

1. 任务流程

信息员接到盘点通知后，生成盘点作业计划，由仓管员进行后续的盘点作业处理，待货品盘点确认后，信息员打印出盘点结果单，仓管员签字交接。

根据盘点作业要求，仓管员盘点电子拣选区域中流利货架上的模拟货品，涉及的作业区域包括电子拣选区域、流利货架、补货区域、主通道等作业区域；操作员和叉车司机辅助仓管员进行盘点作业。

2. 任务操作

步骤一：客户订单管理。

无纸化整托出库作业和电子拣选作业首先需要录入盘点单，再利用手持终端完成盘点作业操作。

信息员接到盘点作业通知后，进入【订单管理】系统，根据实训任务要求，在【客户订单】中新增一个【盘点单】，分别对盘点信息、盘点区域进行维护，并生成盘点作业计划，如图1－47至图1－49所示。

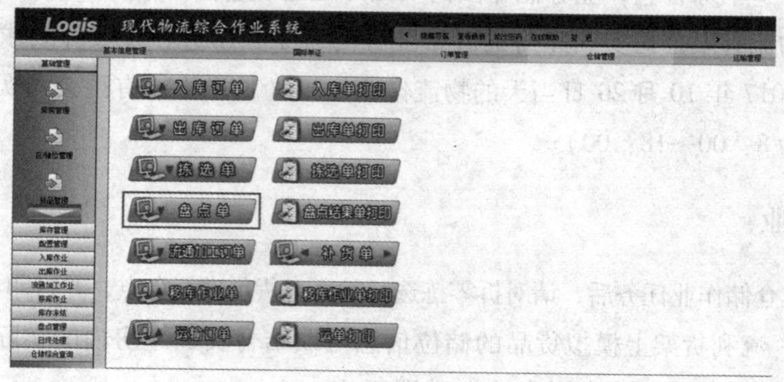

图1－47　盘点单

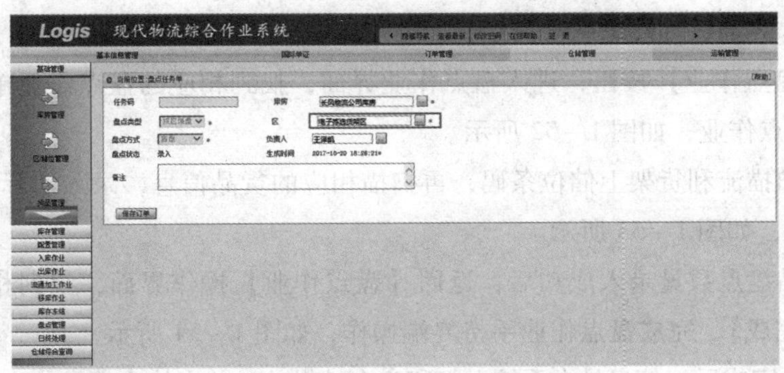

图 1－48 盘点区域

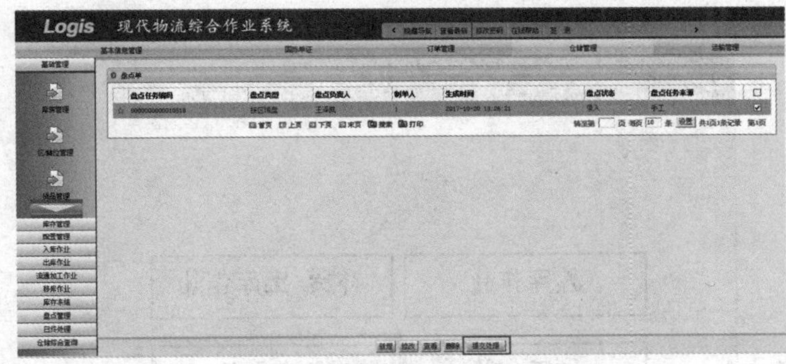

图 1－49 生成盘点作业计划

步骤二：RF 盘点。

仓管员收到盘点作业计划后，利用手持终端启动出库作业任务。使用指定的用户名和密码登录手持终端系统，如图 1－50 所示。

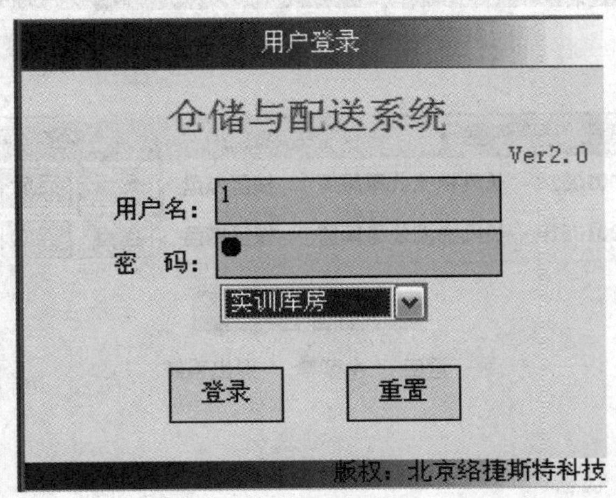

图 1－50 手持终端用户登录

仓管员登录手持终端系统后，进入其应用操作主功能界面，选择【盘点作业】，进入理货的操作界面，如图 1－51 所示。

点击【盘点作业】按钮，进入盘点作业界面，找到相应的盘点作业单，点击【盘点】，启动盘点作业，如图 1－52 所示。

仓管员扫描流利货架上储位条码，再扫描相应的货品信息，录入实际盘点的数量，点击【保存】，如图 1－53 所示。

所有货品盘点数量录入成功后，返回【盘点作业】操作界面，找到相对应的盘点单，点击【完成】，完成盘点作业手持终端操作，如图 1－54 所示。

盘点作业完成后，信息员在系统上打印盘点结果单，并交给仓管员签字，如图 1－55 所示。

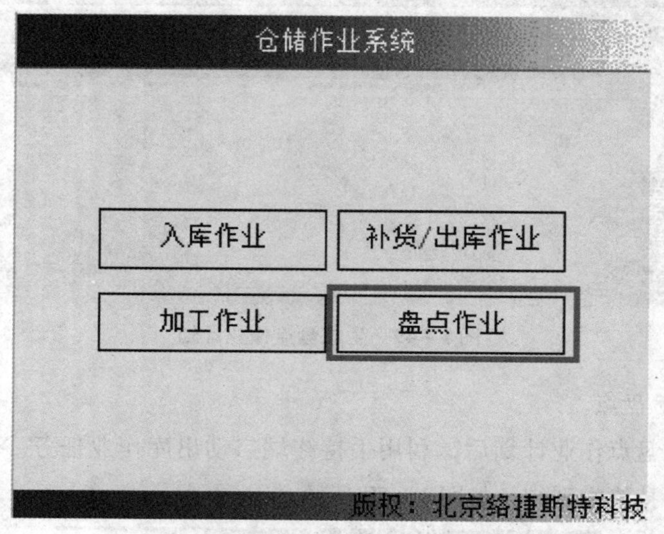

图 1－51　盘点作业

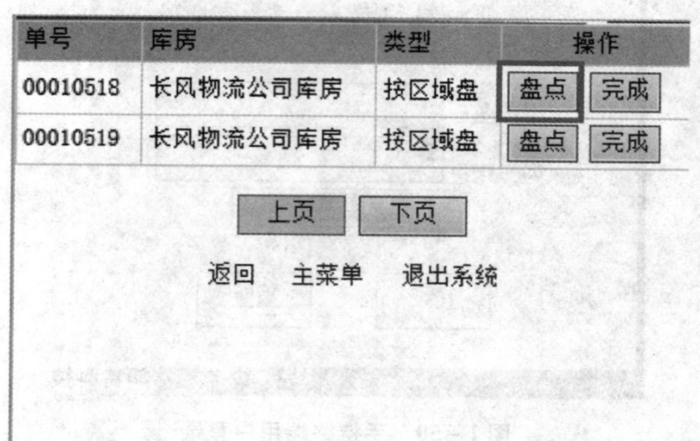

单号	库房	类型	操作
00010518	长风物流公司库房	按区域盘	盘点 完成
00010519	长风物流公司库房	按区域盘	盘点 完成

图 1－52　开启盘点

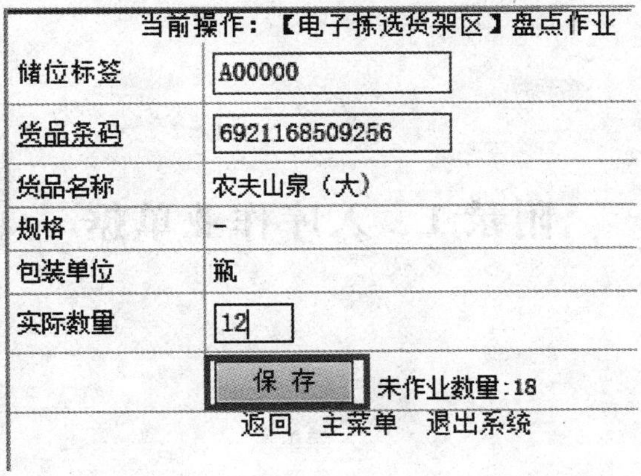

当前操作：【电子拣选货架区】盘点作业	
储位标签	A00000
货品条码	6921168509256
货品名称	农夫山泉（大）
规格	-
包装单位	瓶
实际数量	12
	保 存　未作业数量:18

返回　主菜单　退出系统

图 1－53　确认盘点数量

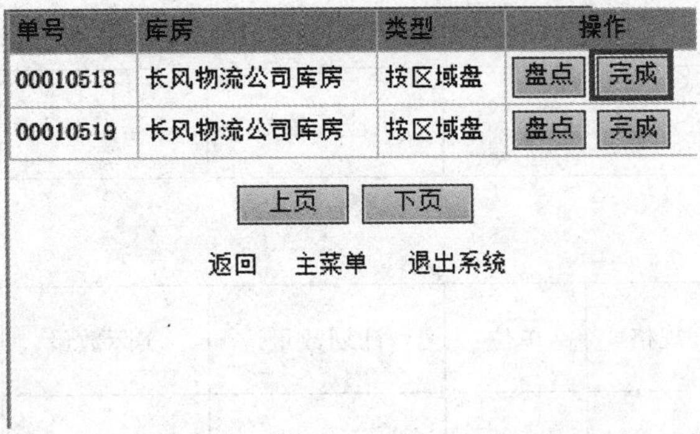

单号	库房	类型	操作
00010518	长风物流公司库房	按区域盘	盘点　完成
00010519	长风物流公司库房	按区域盘	盘点　完成

上页　下页

返回　主菜单　退出系统

图 1－54　确认盘点完成

打印

盘 点 结 果 单

0000000000054763

库房名称：长风物流公司库房　　盘点类型：按区域盘

区名称:电子拣选货架区　　任务单号：0000000000010518　　日期：2017-10-20

农夫山泉（大）	6921168509256	瓶	24	24	A00000	盈亏：0
康师傅优悦水	6944330951547	瓶	24	24	A00001	盈亏：0
怡宝饮用纯净水	6901285991219	瓶	24	24	A00002	盈亏：0
雀巢优活	6918976555599	瓶	24	24	A00003	盈亏：0
农夫山泉（小）	6921168511280	瓶	24	24	A00004	盈亏：0
百岁山饮用天然矿泉水	6922255451427	瓶	24	24	A00005	盈亏：0
昆仑山矿泉水	6905583922128	瓶	24	24	A00006	盈亏：0
心相印（绿）	6903244958110	卷	3	3	A00007	盈亏：0
银鸽卷筒纸	6920973902436	卷	10	10	A00008	盈亏：0
清风（蓝）	6922266438585	卷	13	13	A00100	盈亏：0
琥珀卷筒纸（绿）	6954148802740	卷	10	10	A00101	盈亏：0
维达（蓝）	6901236372081	卷	10	10	A00102	盈亏：0
维达	6901236373965	卷	10	10	A00103	盈亏：0
脉动维生素饮料	6902538005387	瓶	24	24	A00104	盈亏：0
五月花卷筒纸	6922233631100	卷	10	10	A00105	盈亏：0

图 1－55　盘点结果单

附录

附录 1　入库作业单据

1. 入库单

入库单

入库单号：

仓库编号							
供应商名称				供应商编号		制单时间	
入库通知单号							
货品名称	货品编号	规格	单位	计划数量	实际数量	批次	备注
仓管员				制单人			第 1 页

2. 储位分配单

储位分配单

作业单号：

入库单号		仓库编号	
仓管员		日期	

作业明细

序号	库区	储位	货品名称	货品编号	规格	应放数量	实放数量	单位	备注

制单人		作业人		第1页 共1页

3. 送货单

送货单

日期：　　　　　　　　　　　　　　　　　　编号：

客户信息			
客户单位		客户地址	
货物信息			

货品名称	包装	数量	单位	实收数量

送货人：　　　　　　　　　　　　　　　　　　收货人：

附录2　出库作业单据

1. 出库通知单

出库通知单

仓库名称：　　　　　　　　　　　　　　　　　　年　　月　　日

批次							
采购订单号							
客户指令号				订单来源			
客户名称				质量			
出库方式				出库类型			
序号	货品编号	名称	单位	包装规格（mm）	申请数量	实发数量	备注
合计							

制单人：　　　　　　　　提货人：　　　　　　　　仓管员：

2. 提货单

提货单

日期：　　年　　月　　日　　　　　　　　　　　　编号：

客户信息			
客户单位		客户地址	
货物信息			

货品名称	包装	数量	单位	实发数量

客户发货说明

提货人：　　　　　　　　　　　　　　　　发货人：

第二篇　仓储管理岗位能力素养

按照中职物流人才培养模式及教学模式改革要求，此篇重点培养学生对仓储作业、仓储管理技术、库存管理、库存控制方法等知识的识记、领会、运用、分析、综合的掌握，以便适应工作岗位的具体要求，指导工作实践。

第二章　仓储管理的基本工作岗位

第一节　仓储管理的工作岗位简介

教学目标（4 学时）

学习情境		仓储中心现场视频
职业行动能力		能说出仓储管理工作的岗位
专业能力	应知	能说出仓储管理工作的内容
		识记仓储管理的工作岗位
		领会仓储管理工作岗位的内涵
	应会	会根据生活、工作实际指出仓储管理工作不同岗位的内涵
社会能力		通过分组活动，培养团队协作能力
		通过规范文明学习，培养良好的职业道德和安全环保意识
		通过小组讨论、上台演讲评述，培养沟通能力
方法能力		通过实地调研，查阅资料、文献，培养个人自学能力和获取信息能力
		填写任务工作单，制订工作计划，培养工作方法能力
		具有分析问题、解决实际问题的能力

学习要求和考核内容

根据学习要求进行四项学习：

（1）资讯（通过实地调研、集中听课、自学、小组讨论等学习方式获取相应知识点）。

（2）教学给出工作任务单，学生分组行动。

（3）根据任务完成情况评估，并抽查，演讲。

（4）完成并上交工作任务单。

考核内容：

包括学生学习态度、团队协作、知识点掌握、上台展示能力、分析决策能力、问题掌控能力等。

序号	考核内容	考核标准
1	任务认知程度	根据任务准确获取学习资料，有学习记录
2	情感态度	学习精力集中，学习方法多样，积极主动，全部出勤
3	团队协作	听从指挥，服从安排，积极与小组成员合作，共同完成工作任务
4	工作计划制订	有工作计划，计划内容完整，时间安排合理，工作步骤正确
5	任务工作单	工作单完成及时，记录完整，结果分析正确，对老师布置的任务能及时上交，正确率在90%以上
6	问题思考	开动脑筋，积极思考，并对工作任务完成过程中的问题进行分析和解决
7	操作能力	操作应安全规范文明，能在规定时间内完成

学习内容

仓储管理的工作岗位简介

一、仓储管理的工作内容

仓储管理就是对仓库及仓库内的货物所进行的管理，是仓储机构为了充分利用所具有的仓储资源提供高效的仓储服务所进行的计划、组织、控制和协调过程。具体来说，仓储管理包括仓储资源的获得、仓储商务管理、仓储流程管理、仓储作业管理、保管管理、安全管理等多种管理工作及相关的操作。

仓储管理是一门经济管理科学，同时涉及应用技术科学，故属于边缘性学科。仓储管理的内涵是随着其在社会经济领域中的作用不断扩大而变化。仓储管理，即库管，是指对仓库及其库存物品的管理，仓储系统是企业物流系统中不可缺少的子系统。物流系统的整体目标是以最低成本提供令客户满意的服务，而仓储系统在其中发挥着重要作用。仓储活动能够促进企业提高客户服务水平，增强企业的竞争能力。现代仓储管理已从静态管理走向动态管理，产生了根本性的变化，对仓储管理的基础工作也提出了更高的要求。

现代企业的仓库已成为企业的物流中心。过去，仓库被看成是一个无附加价值的成本中心，而现在仓库不仅被看成是形成附加价值过程中的一部分，而且还被看成是企业成功经营中的一个关键因素。仓库被企业作为连接供应方和需求方的桥梁。从供应方的角度来看，作为流通中心的仓库从事有效率的流通加工、库存管理、运输和配送等活动。从需求方的角度来看，作为流通中心的仓库必须以最大的灵活性和及时性满足各类顾客的需要。因此，对于企业来说，仓储管理的意义重大。在新经济新竞争形势下，企业在注重效益、不断挖掘与开发自己竞争能力的同时，已经越来越注意到仓储合理管理的重要性。精准的仓储管理能够有效控制并降低流通和库存成本，是企业保持优势的关键助力与保证。

由于现代仓储的作用不仅是保管，更多的是货物流转中心，对仓储管理的重点也不再仅仅着眼于货物保管的安全性，更多关注的是如何运用现代技术，如信息技术、自动化技术来提高仓储运作的速度和效益，这也是自动化立体仓库大行其道的原因。

自动化立体仓库由于大量采用大型的储货设备（如高位货架），搬运械具（如托盘、叉车、升降机），自动传输轨道和信息管理系统等，从而实现仓储企业的自动化。

仓储管理工作的核心内容可分为入库作业、仓储管理作业、出库作业、库存控制和盘点作业、物流配送作业五个主要部分。

对于第三方物流企业的需求，将不仅停留在上述作业内容上，它们还将向客户提供各类统计信息。如“保质期报告”“安全库存报告”“货位图”“货品流动频率”等各类信息。但其实这些信息已经在仓储管理的过程中被记录下来，只需要根据每个客户的特殊要求相应生成便可以了。

二、仓储管理的工作岗位

根据仓储管理工作的核心内容，其工作岗位大致可以分为入库验收员、入库管理员、仓库管理员、出库管理员、仓库盘点员、库存控制员和物品配送员等。这是基本的岗位设置，也可以根据企业的实际工作需要进行增减。

（1）入库验收员。入库验收员是对入库货物和入库过程的检查者和监督者。

（2）入库管理员。入库管理员是货物入库管理制度及工作流程的具体执行者和实施者。

（3）仓库管理员。仓库管理员既是入库货物的接收者，也是货物管理制度的执行者。

（4）出库管理员。出库管理员是货物出库管理制度及工作流程的具体执行者和实施者。

（5）仓库盘点员。仓库盘点员是货物盘点计划的执行者。

（6）库存控制员。库存控制员是库存计划的制订者，库存量控制者以及跟踪管理者。

（7）物品配送员。物品配送员是将物品按客户或者运输的要求进行分拣配装工作的具体执行者和实施者。

综合训练

（1）仓储管理工作的核心内容有哪些？

（2）仓储管理工作的岗位有哪些？

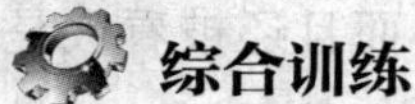

活动建议

请同学们上网或到企业实地调研仓储管理的工作内容及其岗位设置情况和职责要求，并将调研成果以小组为单位，制作成 PowerPoint（PPT）文档，发送到老师的邮箱。

要求：

（1）不少于 5 张 PPT。

（2）第一张 PPT 必须标明标题、班级、组别和具体分工。

（3）要有自定义动画。

（4）最好图文并茂。

第二节　仓储管理的工作岗位职业要求

（4学时）

<table>
<tr><td>学习情境</td><td colspan="2">仓储企业工作视频</td></tr>
<tr><td rowspan="2">专业能力</td><td>应知</td><td>能说出仓储管理工作的不同岗位的职业要求</td></tr>
<tr><td>应会</td><td>会根据生活、工作实际指出仓储管理工作不同岗位的不同之处</td></tr>
<tr><td colspan="2" rowspan="3">社会能力</td><td>通过分组活动，培养团队协作能力</td></tr>
<tr><td>通过规范文明学习，培养良好的职业道德和安全环保意识</td></tr>
<tr><td>通过小组讨论、上台演讲评述，培养沟通能力</td></tr>
<tr><td colspan="2" rowspan="3">方法能力</td><td>通过实地调研，查阅资料、文献，培养个人自学能力和获取信息能力</td></tr>
<tr><td>填写任务工作单，制订工作计划，培养工作方法能力</td></tr>
<tr><td>具有分析问题、解决实际问题的能力</td></tr>
</table>

学习要求和考核内容

根据学习要求进行四项学习：

（1）资讯（通过实地调研、集中听课、自学、小组讨论等学习方式获取相应知识点）。

（2）教学给出工作任务单，学生分组行动。

（3）根据任务完成情况评估，并抽查，演讲。

（4）完成并上交工作任务单。

考核内容：

包括学生学习态度、团队协作、知识点掌握、上台展示能力、分析决策能力、问题掌控能力等。

序号	考核内容	考核标准
1	任务认知程度	根据任务准确获取学习资料，有学习记录
2	情感态度	学习精力集中，学习方法多样，积极主动，全部出勤
3	团队协作	听从指挥，服从安排，积极与小组成员合作，共同完成工作任务
4	工作计划制订	有工作计划，计划内容完整，时间安排合理，工作步骤正确
5	任务工作单	工作单完成及时，记录完整，结果分析正确，对老师布置的任务能及时上交，正确率在90%以上
6	问题思考	开动脑筋，积极思考，并对工作任务完成过程中的问题进行分析和解决
7	操作能力	操作应安全规范文明，能在规定时间内完成

学习内容

仓储管理的工作岗位职业要求

根据仓储管理工作的核心内容及其岗位设置，仓储管理的工作岗位大致有以下7种。

一、入库验收员

入库验收员是对入库货物和入库过程的检查者和监督者。其具体岗位职责如下。

（1）货物入库前，入库验收员必须依据采购单，对照物品名称、规格、数量、送货单位和发票等一一进行清点核对，确认无误后，将到货日期及实收数量填入请购单。

（2）负责对进货车辆温度与卫生的检查。

（3）负责核对进货单与送货的内容。入库验收员一定要详细检查进货货物的品名、规格、数量、重量。

（4）负责依货物标示规定检查商标。

（5）负责检查货物的标示日期是否即将过期或已过期。

（6）负责对入库货物的外观进行检查。

（7）拒收仿冒货物、违禁品。

（8）负责对即将入库货物的品质进行检查。

（9）按时完成上级主管交办的其他任务。

二、入库管理员

入库管理员是货物入库管理制度及工作流程的具体执行者和实施者。其具体岗位职责如下。

（1）负责货物入库过程中人员的选派与相关工具的选用，并安排工具使用时段与人员的工作时间、地点、班次等。

（2）负责制订货物入库管理制度及工作流程。

（3）对货物进行合理、安全存放。

（4）建立货物入库台账，每日进行货物入库记录及统计。

（5）严格按照手续办理产品入库。

（6）对退货及换货产品进行统计。

（7）按时完成上级主管交办的其他任务。

三、仓库管理员

仓库管理员是入库货物的接收者，也是货物管理制度的执行者。岗位职责有以下几个方面。

（1）对货物的保管和收发负有重要责任，严格审查各部门货物领用计划表，与库存核对后，缺口货物报采购主管。

（2）按照采购单内容和数量，办理验货手续。

（3）认真执行货物管理制度，办理、管理、检查，把防火、防盗、防蛀、防霉等安全措施和卫生措施落在实处，保证库存货物的完好无损，物品存放做到有条不紊、美观大方。

（4）在办理验收手续后，应及时通知有关部门取货。

（5）定期抽查物品是否卡、物、账相符。

（6）管理好企业的财产货物，做好货物的收、发、存、报损等手续，每月报出物品盈亏情况，做到日清月结。

（7）协助采购部经理跟踪和催收应到而未到的物品。

（8）服从分配，按时完成领导指派的工作。

四、出库管理员

出库管理员是货物出库管理制度及工作流程的具体执行者和实施者。具体岗位职责如下。

（1）负责货物出库过程中人员的选派与相关工具的选用，并安排工具使用时段与人员的工作时间、地点、班次等。

（2）严格按照出库凭证发放货物，以做到卡、物、账相符。

（3）对货物进行严格的复查，当出库货物与所载内容不符合时应及时处理，视具体情况对出库货物进行加工包装或整理。

（4）严格监督货物的装载上车，进行现场指挥管理。

（5）按时完成上级主管交办的其他任务。

五、仓库盘点员

仓库盘点员是货物盘点计划的执行者。其具体岗位职责如下。

（1）根据盘点计划对库存货物进行现场盘点。

（2）检查盘存表，并在盘存表上签名。

（3）协助人力资源部对参与盘点的人员进行有针对性的培训。

（4）在盘点工作中遇到库存货物与信息不符等情况时，应在盘点表中注明，寻找原因并报告相关领导。

（5）记录盘点结果，汇总盘点报告。

（6）完成上级主管交办的其他工作。

六、库存控制员

库存控制员是库存计划的制订者、库存量控制者以及跟踪管理者。其具体岗位职责有以下几个方面。

（1）负责对现有库存的详细分析，其资金占用量及入库控制、储位管理、存货分布等。

（2）随时详细掌握库存相关数据，加强对库存量的控制以及跟踪管理。

（3）根据商品现有库存量、采购提前期等数据来确定各类物品的经济订购批量和订购时点。

（4）做好对仓库物品的定期盘点和循环盘点监督，确保对仓库库存物品的数量管理控制一步到位。

（5）在实际调查、理论分析、数据掌握的基础之上编制合理的库存计划，最大限度地降低库存成本。

（6）按时完成上级主管交办的其他任务。

七、物品配送员

物品配送员是将物品按客户或者运输的要求进行分拣配装工作的具体执行者和实施者。其具体岗位职责如下。

（1）在储存部的配合下对出库货物进行分拣作业。

（2）按客户要求或方便运输的要求，将分拣出的货物进行分开放置。

（3）按照货物本身特性、订货单位分布情况和送货车辆状况，对货物进行组合配装。

（4）按时完成上级主管交办的其他任务。

综合训练

（1）仓储管理工作的基本岗位有哪些？

（2）不同岗位的职责要求是什么？

活动建议

请同学们上网或到企业实地调研仓储企业工作岗位的能力要求，并将调研成果以小组为单位，形成 PowerPoint 文档，发送到老师的邮箱。

要求：

（1）不少于 10 张 PPT。

（2）第一张 PPT 必须标明标题、班级、组别和具体分工。

（3）要有自定义动画。

（4）最好图文并茂。

第三章　仓储管理的工作岗位能力培养

第一节　仓储管理工作岗位能力定位

教学目标（4 学时）

学习情境		货物入库工作流程
专业能力	应知	能说出仓储管理各工作岗位所需要具备的基本能力
	应会	会根据生活、工作实际指出各仓储管理工作岗位所需能力的异同
社会能力		通过分组活动，培养团队协作能力
		通过规范文明学习，培养良好的职业道德和安全环保意识
		通过小组讨论、上台演讲评述，培养沟通能力
方法能力		通过实地调研，查阅资料、文献，培养个人自学能力和获取信息能力
		填写任务工作单，制订工作计划，培养工作方法能力
		具有分析问题、解决实际问题的能力

学习要求和考核内容

根据学习要求进行四项学习：

（1）资讯（通过实地调研、集中听课、自学、小组讨论等学习方式获取相应知识点）。

（2）教学给出工作任务单，学生分组行动。

（3）根据任务完成情况评估，并抽查，演讲。

（4）完成并上交工作任务单。

考核内容：

包括学生学习态度、团队协作、知识点掌握、上台展示能力、分析决策能力、问题掌控能力等。

序号	考核内容	考核标准
1	任务认知程度	根据任务准确获取学习资料，有学习记录
2	情感态度	学习精力集中，学习方法多样，积极主动，全部出勤
3	团队协作	听从指挥，服从安排，积极与小组成员合作，共同完成工作任务
4	工作计划制订	有工作计划，计划内容完整，时间安排合理，工作步骤正确
5	任务工作单	工作单完成及时，记录完整，结果分析正确，对老师布置的任务能及时上交，正确率在90%以上
6	问题思考	开动脑筋，积极思考，并对工作任务完成过程中的问题进行分析和解决
7	操作能力	操作应安全规范文明，能在规定时间内完成

学习内容

仓储管理工作岗位能力定位

通过实地调研，查阅资料、文献等方法，我们已经获知仓储管理的基本岗位设置，也大致了解了不同岗位的能力要求。下面将就各工作岗位的能力定位做大概阐述。

一、基础知识

（1）商品基础知识。

（2）仓储作业知识。

（3）仓储管理技术的有关知识。

二、技能要求

（一）入库验收员

（1）清楚不同货物的验收要求与验收时间。

（2）掌握货物验收的各种方法，懂得针对不同货物选择使用不同的验收方法。

（3）熟练使用各种验收设备。

（4）会填写相关单据、表格。

（二）入库管理员

（1）熟悉货物入库的工作流程。

（2）掌握储位指派原则，能够结合实际情况进行储位管理。

（3）熟练掌握各种堆垛作业及堆垛方法。

（4）明白入库货物的建档工作要求，会填写各种相关单据、明细卡、明细账，登记货物进库的情况。

（三）仓库管理员

（1）熟悉“5S”管理的主要工作。

（2）熟练掌握各种堆垛作业及堆垛方法。

（3）掌握货物养护的各种技术并科学运用，对货物进行养护。

（四）出库管理员

（1）熟悉货物出库的工作流程。

（2）能够进行出库信息的处理。

（3）熟练掌握各种分拣作业方式。

（4）熟悉各种不同货物的包装方法，并能熟练运用。

（5）有能力处理货物出库的异常情形。

（五）仓库盘点员

（1）明确货物盘点的范围，能区分不同货物的盘点时间。

（2）会制订盘点计划，并按计划开展盘点作业。

（3）清楚盘点结果的处理，尤其是问题的处理方式及应对措施。

（六）库存控制员

（1）能熟练操作仓储管理系统（WMS），清楚WMS给企业仓储管理带来的效益及其注意事项。

（2）熟悉储备定额的制订流程。

（3）熟练掌握ABC分类法和订货管理方法。

（七）物品配送员

（1）熟悉各主要运输方式及其优缺点。

（2）对配送合理化有正确的判断，熟知配送不合理的表现及配送合理化的实现措施。

（3）具有一定的拣货处理能力。

（4）有较强的货物配备和车辆调度控制能力。

第二节　仓储管理工作岗位能力培养方法

教学目标（28 学时）

学习情境		货物出库的工作流程
专业能力	应知	能说出仓储管理各工作岗位所需要具备的基本能力
	应会	会根据生活、工作实际灵活运用各岗位能力进行仓储管理工作
社会能力		通过分组活动，培养团队协作能力
		通过规范文明学习，培养良好的职业道德和安全环保意识
		通过小组讨论、上台演讲评述，培养沟通能力
方法能力		通过实地调研，查阅资料、文献，培养个人自学能力和获取信息能力
		填写任务工作单，制订工作计划，培养工作能力
		具有分析问题、解决实际问题的能力

学习要求和考核内容

根据学习要求进行四项学习：

（1）资讯（通过实地调研、集中听课、自学、小组讨论等学习方式获取相应知识点）。

（2）教学给出工作任务单，学生分组行动。

（3）根据任务完成情况评估，并抽查，演讲。

（4）完成并上交工作任务单。

考核内容：

包括学生学习态度、团队协作、知识点掌握、上台展示能力、分析决策能力、问题掌控能力等。

序号	考核内容	考核标准
1	任务认知程度	根据任务准确获取学习资料，有学习记录
2	情感态度	学习精力集中，学习方法多样，积极主动，全部出勤
3	团队协作	听从指挥，服从安排，积极与小组成员合作，共同完成工作任务

续　表

序号	考核内容	考核标准
4	工作计划制订	有工作计划，计划内容完整，时间安排合理，工作步骤正确
5	任务工作单	工作单完成及时，记录完整，结果分析正确，对老师布置的任务能及时上交，正确率在90%以上
6	问题思考	开动脑筋，积极思考，并对工作任务完成过程中的问题进行分析和解决
7	操作能力	操作应安全规范文明，能在规定时间内完成

学习内容

仓储管理工作岗位能力培养方法

一、入库验收员

（一）入库验收管理工作目标

入库验收管理是指入库验收人员核对验收凭证，对货物实体进行数量检验和质量检验的管理工作，是确保入库货物数量准确、质量完好的最重要的一个环节。入库验收人员开展货物入库验收工作的目标，是为了确保所有入库货物的质量符合企业的要求，防止不合格品入库、投入使用或流向市场。

货物入库验收管理的工作目标与工作事项之间的关联如图3－1所示。

（二）达成目标的三个工作事项

由于入库货物来源复杂、运输条件上存在差异、包装质量参差不齐等原因，致使货物在供货过程中可能会产生种种复杂的变化，并对其数量和质量产生一定影响。为了确保入库货物在数量上的准确与质量上的完好，所以，必须对入库货物进行认真、细致的验收工作。

货物入库验收管理主要包括货物验收规划、货物验收实施管理、货物验收结果管理三项工作。

1. 货物验收规划

货物验收规划阶段的主要工作包括确定货物验收的内容、确定货物验收的方式与方法、确定货物验收的时间等，具体如表3－1所示。

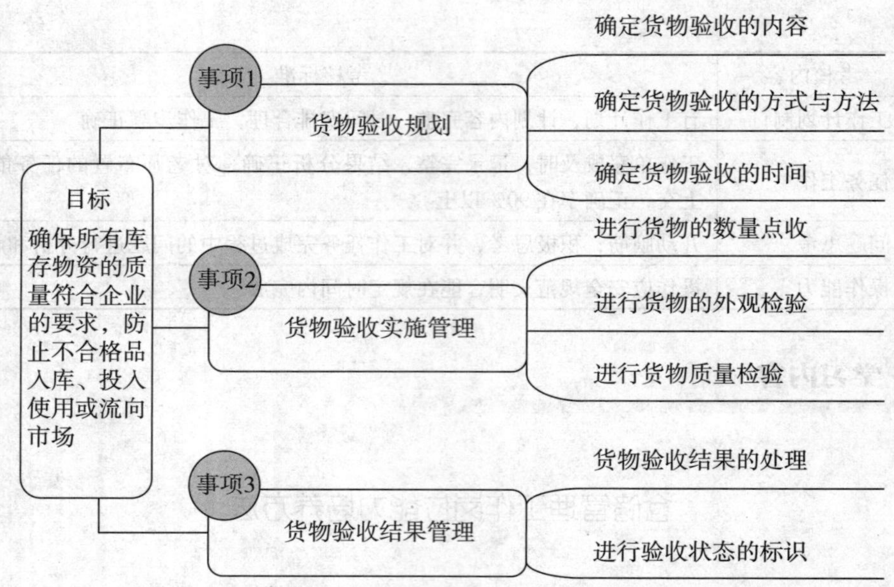

图3－1　货物入库验收管理工作目标与工作事项之间的关联

表3－1　　货物验收规划的工作内容

工作项目	具体内容
确定货物验收的内容	在进行货物验收之前，需确定进行货物验收的内容 货物验收的内容主要包括核对验收凭证、对货物实体进行数量、外观和质量检验
确定货物验收的方式与方法	货物验收主要包括全部检验和抽样检验两种方式，一般大批量到货采用抽样检验的方式进行检验
确定货物验收的时间	对于不同数量、种类的货物，由于检验复杂程度、工作量不同，其验收的时间也不相同，货物验收人员应根据物质的数量、种类确定货物验收的时间 对于通过外观检验就能识别其质量的货物验收时间通常比进行理化检验货物的要短

2. 货物验收实施管理

货物验收主要从货物的数量、外观、质量三个方面来进行，具体内容介绍如图3－2所示。

3. 货物验收结果管理

对于验收数量超额、短缺及质量合格、不合格的货物，验收人员应根据不同的检验结果，对货物做出相应的处理。货物验收人员应对检验合格的货物做出合格标记，对检验不合格的货物做出不合格标记，以便相关人员进行后续工作。

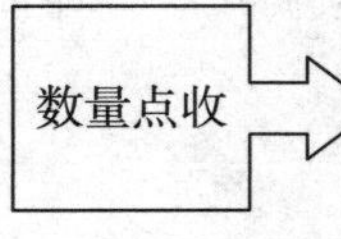

根据供货单位规定的计量方法进行数量检验，或过磅、检尺换算，以准确地测定出全部数量

数量检验除规格整齐划一、包装完整者可抽验10%～20%者外，其他应采取全验的方法，以确保入库物资数量的准确

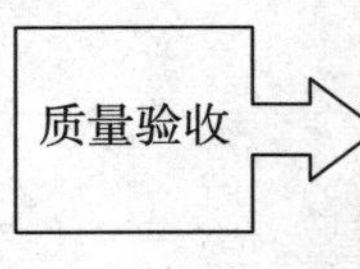

外观检验须按照合同的规定标准，查看货物的包装情况（包括材料是否与合同规定相符、有无破损）、“三证”情况

货物有无发霉、融化、异味、变色等现象；包装上的合同号、生产厂家、执行标准、产品有效期、计量单位、生产日期等是否与合同相符等

质量验收

货物验收人员须选择合适的检验方法，对数量准确、外观完好的物资进行质量检验，包括物理检验和化学检验

对于货物需要进行物理、化学、机械性能等内在质量检验时，应请专业检验部门进行化验和测定，并做记录

图3－2　货物验收的实施内容

（三）仓库货物验收管理工作模板

1. 货物验收管理制度

货物验收管理制度

第一章　总则

第一条　目的

为了确保所有入库货物的质量都符合企业的要求及生产经营的需要，防止不合格货物入库、投入使用或流向市场，特制定本制度。

第二条　适用范围

本制度适用于企业所有入库货物的验收管理工作。

第三条　相关定义

本制度所指的货物验收是对即将入库的货物进行质量、数量、包装、规格查验，是保证入库货物合格的重要环节之一。

第四条　职责划分

1. 货物验收主管负责统筹安排货物验收作业，制定货物验收规划、处理验收异常情况等。

2. 货物验收专员负责验收所有货物的数量、重量、规格，并检查其包装及外观情况。

3. 对于较为特殊的货物或设备，公司应组织质量管理部、技术部、采购部等相关部门一同参与检验。

第二章　货物验收规划

第五条　货物验收的依据

货物验收的依据主要包括相关合同、证件及验收规范等内容。

1. 货物采购计划。

2. 订货合同、技术协议。

3. 供货单位的装箱单、发票、货运单、图纸、随机资料、合格证等。

4. 货物验收规范：质量管理部应根据待验货物的重要性及特性等，制定相关货物的验收规范，以作为验收的依据。

第六条　确定货物验收的内容

货物验收内容应包括以下几点。

1. 核对采购订单与供货商发货单是否相符，依据单据对货物进行数量点收。

2. 检查货物外观，包括包装是否牢固，包装标志标签是否符合要求，开包检查货物有无损坏以及货物的气味、颜色、手感等。

3. 仔细对货物质量进行检查，主要检查其关键质量指标。

4. 记录货物验收信息。

第七条　确定货物验收的方式

1. 货物验收有全检和抽验两种方式。对大批量到货的货物一般只进行抽验。

2. 若采用抽验的方式，则需要根据货物的特点、价值、物流环境等综合考虑，确定合理的抽验比例。确定抽验的比例一般应考虑以下七项因素（见表3-2）。

表3-2　货物验收抽验比例考虑因素一览

考虑因素	抽验比例
商品价值	商品价值高的，全检或抽验比例大；有些价值特别大的商品应全检
商品的性质	商品性质不稳定的、质量易变化的和易混杂不良品质的，抽验比例大或进行全检
气候条件	在雨季或梅雨季节，怕潮商品的抽验比例大；在冬季，怕冻商品抽验比例大或进行全检
运输方式和工具	对采用容易影响商品质量的运输方式和运输工具运送的商品，抽验比例大
厂商信誉	信誉好的抽验比例小；反之则大
生产技术	生产技术水平高、产品质量较稳定的商品抽验比例小
储存时间	储存时间长的商品抽验比例大

第八条　选择货物验收的方法

货物验收工作可以通过不同方法进行，货物验收专员应根据货物的特性选择合适的方法。

1. 货物数量验收的方法。货物验收专员进行货物数量点收时，可选择点件复衡法、整车复衡法等方法进行验收，具体方法如表 3－3 所示。

表 3－3　货物数量验收的方法说明

方法	具体介绍
点件复衡法	对按标准重盘包装的货物，验收时先点清件数，再按件数复验重量
理论重量检尺换算法	对定尺的型材等进行检尺，然后根据理论计算公式换算成重量值
整车复衡法	对大宗散装进库货物，验收时将车皮引入专用的“轨道衡”复验重量
点件查数法	对按件、只、台等计量单位入库的货物的检数方法，即逐件、逐只、逐台进行点数加总求值

2. 货物质量验收的方法。货物验收专员进行货物质量检验验收时，可选择视觉检验、测试仪器检验等常用的方法。货物质量验收方法的具体介绍如表 3－4 所示。

表 3－4　货物质量验收方法一览

检验方法	具体介绍
视觉检验	在充足的光线下，利用眼睛观察货物的颜色、状态、结构等表面状况，检验是否发生变形、破损、脱落、变色、结块等损害情况，对质量加以判断
听觉检验	通过摇动、搬运、轻度敲击等操作，听取声音，以判断货物的质量
触觉检验	利用手感鉴定货物的光滑度、细度、黏度和柔软度等，以判定质量
嗅觉、味觉检验	通过货物特有的气味、滋味，测定、判定质量
测试仪器检验	利用各种专用测试仪器鉴定货物品质。如对含水量、密度、黏度、光谱等的测试
运行检验	对某些特殊货物，如车辆、电器等进行运行检验，确保其能够正常运行

第九条　确定货物验收的时间

对不同数量、种类的货物，由于检验复杂程度、工作量不同，应有不同的验收时间要求。

1. 按货物类型确定的货物验收时间。

（1）大型、新型设备和专用备品、材料在到货后七天内验收完毕。

（2）低值易耗品及主要机械配件在到货后四天内验收完毕。

（3）一般机电产品、消耗材料在到货后三天内验收完毕。

（4）批量进口货物的验收时间应视具体情况而定，一般不得超过十五天。

2. 按照货物检验项目确定的货物验收时间。

（1）对于外观等易识别的货物的检验，货物验收专员应于收到货物后一天内完成。

（2）需用化学或物理手段检验的材料，货物验收专员应于收到货物样件后三天内完成。

（3）对于必须试用才能实施检验的货物，货物验收主管应于“货物验收报告表”中注明预计完成日期，一般不超过七天。

第十条　规范货物验收要求

1. 货物验收专员在货物验收前应制定好货物验收的相关工作规范。

2. 一般情况下，货物验收须严格执行凭证手续不全不收、品种规格不符不收、品质不符合要求不收、无计划不收和逾期不收五项要求。

第三章　货物验收的实施管理

第十一条　做好验收准备

货物验收专员应做好货物验收准备工作，一般情况下，包括以下五个方面的准备工作。

1. 收集、整理并熟悉各项验收凭证、资料和有关验收要求。

2. 准备所需的计量器具、卡量工具和检测仪器仪表等，检查其准确性、可靠性。

3. 落实入库货物的存放地点，选择合理的堆码垛形和保管方法。

4. 准备所需的苫垫堆码物料、装卸机械、操作器具和担任验收作业的人力。如为特殊性货物，还须配备相应的防护用品，采取必要的应急防范措施，以防万一。

5. 进口货物或存货单位要求对货物进行质量检验时，要预先通知商检部门或检验部门到仓库进行检验或质量检测。

第十二条　核对单据

1. 审核验收单据，包括业务主管部门或采购部门提供的入库通知单、订货合同和订货协议书是否齐全。

2. 核对供货单位提供的验收凭证，包括发票、质量保证书、发货明细表、装箱单、磅码单、说明书和保修卡及合格证等是否齐全。

第十三条　数量验收

货物验收专员负责对货物进行数量验收，货物数量验收是保证货物数量准确不可缺少的措施。不同类型的货物对其进行数量验收的要求也不相同。货物数量验收的具体要求说明如表3－5所示。

表3－5　　货物数量验收的具体要求说明

类型	具体要求
计重货物的数量验收要求	◆计重货物一律按净重计算 ◆金属材料以理论换算交货的按理论换算验收 ◆定尺和按件标明重量的货物，可以进行抽查，货物不符合规定要求或有问题时，应全部重新过磅，也可加倍抽查，如再有问题，则全部重新过磅 ◆不能换算或抽查的货物，一律过磅计量 ◆凡计重货物验收时均应注意按层次分割，标明重量，力求入库货物一次过磅清楚，以便复查和出库，减少重复劳动
计件货物的数量验收要求	◆计件货物应全部清查件数（带附件和成套的设备须清查主件、部件、零件和工具等） ◆固定包装的小件货物，如内包装完整，可抽验内包装的5%～15%，无差错或其他问题时，可不再拆验内包装 ◆用其他方法计量的货物（木材、胶带、玻璃等）按规定的计量方法进行检查 ◆贵重货物应酌情提高检验比例或全部检验

第十四条　外观检验

1. 货物验收专员对有包装的货物检验货物包装的表面状况，对无外包装的货物检验其表面状况。

2. 检查货物和包装容器上是否贴有标签，标签上是否注明货物品名、货物编码、生产日期、生产厂家和数量等内容。

3. 若发现所装载的货物有倾覆、破损、变质、受潮等异常现象时，应先初步计算损失。不同程度的损失需要区别对待。其要求如表3－6所示。

表3－6　　不同程度损失的处理要求一览

损失程度	处理要求
损失超过限定	货物验收专员应及时通知采购人员进行处理或由其通知供应商前来处理，并尽可能维持异常状态以利于处理作业
未超限定	依实际数量办理验收，并于“货物入库检验报告单”上注明损失数量及实际情况

4. 计算损失后，将货物外观检验结果登记在“货物入库检验报告单”上。

第十五条　质量检验

1. 货物验收专员选择合适的检验方法对数量准确、表面完好的货物进行质量检验。

2. 货物验收专员应对检验合格的货物做出合格标记，为货物入库做准备；为检验不合格的货物做出不合格标记，做进一步处理。

3. 检验完毕后，应按照检验结果填制“货物入库检验报告单”。

第四章　货物验收结果管理

第十六条　货物验收结果处理

货物验收人员应根据不同的检验结果，对仓库货物作出处理。货物验收结果及处理方式如表3－7所示。

表3－7　　货物验收结果及处理方式一览

验收结果	处理方式
合格货物	在外包装上贴“合格”标签，以示区别 每日工作结束时，将本日所收货物的数量汇总，填入“验收日报表”
不合格货物	在外包装上贴“不合格”标签，并于“货物验收报告表”上注明不合格原因 向相关主管请示处理办法，然后转采购部相关人员处理并通知请购部门 办理不合格货物的退货手续时，应开具“货物交运单”并附“货物验收报告表”，呈相关领导签认，以作为异常货物的出厂凭证
交货数量超额	经过验收，若发现交货数量超过“订购量”部分，原则上应予以退回 对于以重量或长度计算的材料，其超交量在3%以下时，可在“验收单”备注栏内注明超交数量，请示相关负责人同意后予以接收
交货数量短缺	经过验收，若发现交货数量未达“订购量”时，原则上应暂时拒收货物，要求供应商予以补足后重新验收货物 经请购部门负责人同意后，仓储部安排货物入库，财务部可按实际入库数量进行结算

第十七条　验收状态标识

货物检验专员将检验结果上报后，根据审批意见对该批货物做出检验标识，以便进行后续作业。

1. 对于验收合格的货物应标识“允收”标签。

2. 对于数量不符、质量无重大问题且属于特采的货物标识“特采”，并追踪货物使用过程的质量状况。

3. 对于数量严重不符、质量不合格的货物应标识“拒收”标签。

第五章　附则

第十八条　本制度由仓储部制定，其修改、解释权归仓储部所有。

第十九条　本制度呈总经理核准后，于颁布之日起实施，修订时亦同。

2. 仓库货物验收管理工具表单

（1）货物验收清单（见表3－8）。

表3－8　　货物验收清单

编号：　　　　　　　　　　　　　　　　填写日期：　　年　　月　　日

供应商		编号		送货日期	
品名		交货数量		箱数	
实际点收数量		点收人		点收日期	
质量验收方式	□全检	□抽检	□免检		
项目	检验项目	规格值	实测值		判定
综合判定	□允收	□特采	□选别	□拒收	
备注	质量管理部		仓储部		
	主管	检验员	主管		经办人

（2）入库检验报告单（见表3－9）。

表3－9　　入库检验报告单

编号：　　　　　　　　　　　　　　　　填写日期：　　年　　月　　日

产品名称			材料规格		材料数量		
采购单位			采购日期		验收专员		
验收记录	检验项目	检验标准	检验结果	不良数	是否合格	备注	总评
总经理					验收主管		
质量经理					验收专员		
仓库验收记录				验收数量	□足	□溢交	□短缺

（3）入库退货登记表（见表3－10）。

表3－10　　入库退货登记表

编号：　　　　　　　　　　　　　　　　填写日期：　　年　　月　　日

订单编号	退货名称	退货原因			供应商	备注
		质量不合格	数量不符	其他		

验收主管：　　　　　　　　　　　　　　　验收人员：

（4）紧急放行申请表（见表3－11）。

表3－11　　紧急放行申请表

进料名称		料名		批量	
规格		数量		生产批号	
供应商名称					
业务经办人			职务/联系方式		
申请紧急放行	（申请紧急放行的原因） 申请人： 日期：				
审批	（审批意见） 申请人： 日期：				

二、入库管理员

（一）货物入库管理工作目标

仓库管理员必须根据货物的特点进行恰当的货物接运、储位安排、编码、堆码工作，从而进行货物的有效管理，保证货物的质量，实现仓库容量利用率的最大化。

货物入库管理的工作目标与工作事项之间的关联如图 3－3 所示。

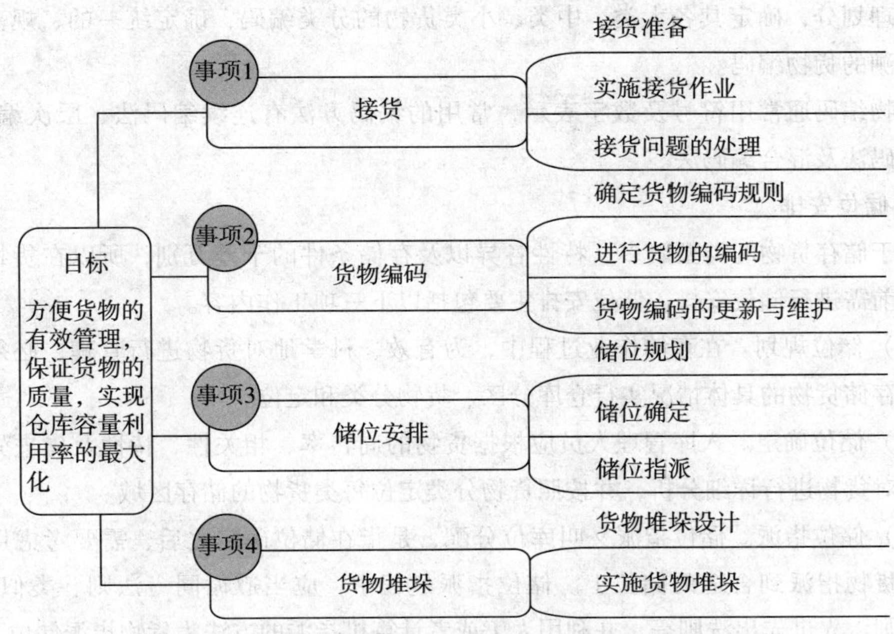

图 3－3　货物入库管理的工作目标与工作事项之间的关联

（二）达成目标的四个工作事项

货物入库是仓库管理员接触到货物的第一个环节。货物入库管理主要包括接运货物、货物编码、储位安排及入库货物的堆码工作。

1. 接货

（1）接货准备。入库管理人员在接到接货通知单后，要制订接货计划，进行接货前的准备工作。接货准备主要包括查阅掌握货物的资料、准备好接货的设备和人员、安排好接货的流程、确定好接货的方式等内容。

（2）实施接货作业。入库管理人员根据货物的特点及接货方式，提前来到接货地点准备接货，接货一般分为港口、码头、车站接货，铁路专用线接货，在供货单位或第三方的物流仓库提货等方式。

入库管理人员在接货的过程当中需要依据运单及有关资料核对货物的品名、型号、规格，清点货物数量，并进行货物的质量检查，确定合格后与运输单位办理接收手续，并安排人员转运回库。

2. 货物编码

企业成立货物编码小组，对目前已实行的货物编码规则进行分析，并综合考量公司未来的发展，制定有弹性、完善的新货物编码规则。

货物编码规则制定好之后，入库管理人员对入库货物的品种、类别、规格和性能进行整理划分，确定其各大类、中类、小类货物的分类编码，确定统一的、规范的并且可追溯的货物编码。

货物编码通常用符号及数字表示，常用的编码方法有连续编码法、层次编码法、段式编码法及混合编码法。

3. 储位安排

由于储存货物的类型繁多、特性各异以及存储条件的千差万别，所以在货物入库堆码之前需进行储位安排。储位安排主要包括以下三项工作内容。

（1）储位规划。在存储作业过程中，为有效、科学地对货物进行管理，必须根据仓库、存储货物的具体情况实行仓库分区、货物分类和定位。

（2）储位确定。入库管理人员应根据货物的周转率、相关性、特性及先进先出的原则，对货物进行详细分析，并按照货物分类定位每类货物的储存区域。

（3）储位指派。储位指派又叫库位分配，是指在储位确定之后，需要考虑用什么方法把货物指派到合适的储位上。储位指派过程中，应当遵循同一法则、类似法则、互补法则、先进先出法则等，并利用人工或者计算机指派的方法为货物指派储位。

4. 货物堆码

（1）货物堆码设计。仓库主管必须根据仓库的实际情况、物品本身的特点、装卸搬运条件和技术作业过程的要求对货物堆码进行设计，以达到堆码的基本要求。堆码设计工作主要包括确定垛基、垛形、货垛参数、堆码方式、货垛苫盖、垫垛、货垛加固等内容。

（2）实施货物堆码。入库管理人员指导搬运人员严格按照操作规程及货物堆码设计方案进行货物堆码。合理、科学地堆码可以方便货物的搬运、检查和养护。货物堆码操作一定要遵守牢固、合理、整齐、定量、节约的原则。

（三）接货入库管理工作模板

1. 货物入库管理制度

货物入库管理制度

第一章　总则

第一条　目的

为规范货物入库操作，确保入库货物的质量，特制定本制度。

第二条　适用范围

凡进入本公司仓库的货物均依本制度执行。

第三条　相关责任

1. 仓储部负责公司货物的入库验收、储位安排等作业。

2. 质量管理部质检人员负责成品入库检验工作。

3. 采购部负责提供货物的采购合同、采购单、验收标准、交货时间等资料。

4. 入库管理人员协助完成入库货物的验收工作。

第二章　货物入库准备工作

第四条　安排入库货物的货位

仓库主管需安排入库货物的货位，货位安排需要注意以下三点。

1. 使货位合理化，即以最少的仓容储存最大限量的货物，提高仓容的利用率。

2. 注意货物自身的自然属性，货位安排需要适应储存物料的特性，以免影响货物的质量，发生霉腐、锈蚀、融化、干裂、挥发等变化。

3. 注意方便出入库作业，要尽可能缩短入库作业时间。

第五条　入库货物的搬运准备

1. 仓库主管准备好搬运的设备、工具及人员，在装车启运前就应明确货物数量、批次，以利于搬运作业的开展。

2. 一般来说，对于入库工作，仓库主管可努力争取送货单位的配合，减少搬运次数。

第六条　入库货物的堆垛准备

1. 按进货货物的数量、体积、重量和形状，计算货垛的占地面积、垛高，并计划好垛形。对于箱装、规格整齐划一的货物，其占地面积、可堆层数及单位面积重量可参考表 3 – 12 的公式计算。

表 3 – 12　　堆垛数据计算公式

计算目标	计算公式
占地面积	占地面积 = （总件数 ÷ 可堆层数） × 该件货物的底面积
	占地面积 = 总重量 ÷ （层数 × 单位面积重量）
可堆层数	可堆层数 = 单位面积（地坪）最大负荷量 ÷ 单位面积重量
单位面积重量	单位面积重量 = 每件货物的毛重 ÷ 该件货物的底面积

2. 在计算占地面积与垛高时，必须注意上层货物的重量不能超过货物或其容器可负担的压力。整个货垛的压力不能超过地坪的容许载荷量。

3. 垛底应打扫干净，并放上必备的垫墩、垫木等垫垛材料，如果需要密封货垛，还需要准备密封材料。

4. 检查利用条码自动识别技术的数据采集系统是否完好。

第三章　货物入库作业

第七条　货物入库搬运过程要求

入库管理人员监督搬运工人按入库单将相同的货物集中起来，分批送到预先安排的货位。要做到进一批清一批，严格防止货物互串和数量溢缺。

1. 对于批次多和批量小的入库货物，分类工作一般可由入库管理员在单货核对、清点件数过程中同时进行，也可将分类工作在搬运时进行。

2. 对有些批量大、包装整齐，又需要机械操作的入库物料，要争取送货单位的配合，利用托盘实行定额装载，往返厂库之间，从而提高计数准确率，缩短卸车时间，加速物料入库。

3. 在搬运过程中，要尽量做到"一次连续搬运到位"，力求避免入库货物在搬运途中的停顿和重复劳动。

第八条　货物堆垛作业要求

1. 入库管理人员指导装卸搬运人员按规定的垛形、垛高、垛面面积将货物堆垛成形。

2. 货物堆垛时，装卸搬运人员应遵守的基本要求如表3－13所示。

表3－13　物料堆垛要求

要求	具体要求
合理	垛形必须适合货物的性能特点，不同品种、型号、规格、牌号、等级、批次、产地、单价的货物，均应该分开堆垛，以便合理保管 合理地确定货垛之间的距离和过道宽度，以便装卸、搬运和检查 货垛之间的距离一般为0.5～0.8米，主要通道的宽度为2.5～4米
牢固	货垛必须不偏不斜、不歪不倒、不压坏底层的物料和地坪 与屋顶、梁柱、墙壁保持一定距离，确保货垛牢固安全
定量	每行、每层的数量力求为整数，过秤的货物不成整数时，每层应该明显分隔，标明重量，以便清点发货
整齐	垛形有一定的规格，各个货垛应排列整齐有序，包装标志一律朝外
节约	应节省货位，提高仓库的利用率 应节省人力，提高搬运人员的工作效率

第四章　办理货物入库手续

第九条　收货扫描及清点

1. 利用数据采集系统进行到货入库清点工作，检查货物的状态。

2. 收货扫描时，如系统不接受，应及时找信息技术部查明原因，确认此批货物是否入库。

第十条 建立货物明细卡

1. 货物明细卡能够直接反映该垛货物的品名、型号、规格、数量、单位及进出动态。

2. 货物明细卡应按“入库通知单”所列内容逐项填写。货物入库堆码完毕后，应立即建立卡片，一垛一卡。

3. 货物明细卡一般有两种处理方式，其简要介绍和优缺点如表3－14所示。

表3－14 货物明细卡处理方式一览

名称	简要介绍	优缺点
管理责任制	即由入库主管集中保存管理	如果有进出业务而该入库主管缺勤时，就难以及时进行
直接操作制	将填制的明细卡直接挂在物料的垛位上，挂放位置要明显、牢固	便于随时与实物核对，有利于货物进出业务的及时进行，可以提高保管人员的工作效率

第十一条 入库货物登账

1. 货物入库后，仓库应建立实物保管明细账，登记物料进库的详细情况。

2. 实物保管明细账按货物的品名、型号、规格、单价等分别建立账户，此账本采用活页式，按货物的种类和编号顺序排列，在账页上要注明货位号和档案号，以便查对。

3. 实物保管明细账必须严格按照货物的出入库凭证及时登记，填写应清楚、准确，记账发生错误时，可按画红线更正法更正。

第十二条 建立仓库工作的档案

1. 仓库建档工作是指将货物入库作业全过程的有关资料、证件进行整理、核对，建成资料档案。

2. 仓库工作档案的资料范围包括以下四个方面。

（1）货物到达仓库前的各种凭证、运输资料。

（2）货物入库验收时的各种凭证、资料。

（3）货物保管期间的各种业务技术资料。

（4）货物出库和托运时的各种业务凭证、资料。

3. 建档工作必须满足如下三项具体要求。

（1）一物一档。建立货物档案应该是一物（一票）一档。

（2）统一编号。货物档案应进行统一编号，并在档案上注明货位号。同时，在实物保管明细账上注明档案号，以便查阅。

（3）妥善保管。货物档案应存放在专用的柜子里，由专人负责保管。

第十三条　签单

1. 货物验收入库后，应及时按照仓库货物验收记录要求签单，以便向供货方或货主表明收到货物。

2. 如果出现短少等情况，签单也可作为向供货方交涉的依据，所以签单必须准确无误。

第五章　入库问题及结果处理

第十四条　入库过程注意事项

在货物入库的过程中，应注意遵守四项要求，具体内容如表3－15所示。

表3－15　货物入库过程注意事项说明

原则	具体要求
票货同行	货物入库时，必须票货同行，根据合法凭证收货，及时清点货物数量。入库管理人员要审核对方出具的随货同行单据，票货逐一核对检查，将货物按指定地点入库验收
单货相符	入库管理人员验收单货相符后，要在随货同行联上签字，盖“货物入库货已收讫”专用章
实时记录	验收过程中，若发现单货不符、差错损失或质量问题，入库管理人员应当立即与有关部门联系，并在随货同行联上加以注明，做好记录
同物同包装	同种货物的包装不同或使用代用品包装，应问明情况，并在入库单上注明后办理入库手续

第十五条　临时入库的货物接收

货物临时入库时，要填写临时入库票，由入库管理人员、入库主管签字、盖章。

第十六条　物料存在质量问题拒收

在下列情况下，仓库可以拒收入库发运凭证。

1. 字迹模糊、有涂改等。

2. 错送，即发运单上所列收货仓库非本仓库。

3. 单货不符。

4. 物料严重残损。

5. 质量包装不符合规定。

6. 违反国家生产标准的货物。

第六章　附则

第十七条　本制度由仓储部制定，其修改权、解释权亦归仓储部所有。

第十八条　本制度经总经理审批后，自颁布之日起执行。

2. 接货入库管理工具表单

（1）货物接运记录单（见表3－16）。

表3－16　　货物接运记录单

品名	货物基本信息			接运信息			接运责任人	
	单价	数量	规格	接运方式	接运时间	安排储位	姓名	备注

审核人：　　　　　　　　　　　　　　　　　　经办人：

（2）仓库货物接收单（见表3－17）。

表3－17　　仓库货物接收单

编号：　　　　　　　　　　　　　　　　　　日期：　　年　　月　　日

中转仓库名称	货物的基本信息			接运信息		储位信息		接收责任人	
	单价	类别	规格	数量	日期	位置	代码	姓名	备注

审核人：　　　　　　　　　　　　　　　　　　经办人：

（3）货物入库通知单（见表3－18）。

表3－18　　货物入库通知单

编号：　　　　　　　　　　　　　　　　　　日期：　　年　　月　　日

日期	到货日期		供货单位		收货人	
	入库日期		合同单号		储位	
	验收日期		运单号		入库单号	

物料入库详细信息

物料编号	物料名称	计量单位	数量					质量	价格		说明
			交货	多交	短交	退货	实收		购入	基本	

3. 货物编码管理工具表单

（1）货物编码登记表（见表 3－19）。

表 3－19　　货物编码登记表

页次：　　　　　　　　　　　　　　　　　　　　编写日期：　　年　　月　　日

页号	成品编号	成品名称	规格	货物码	说明

（2）新增货物编码申请表（见表 3－20）。

表 3－20　　新增货物编码申请表

申报单位：　　　　　　　　　　　　　　　　　　日期：　　年　　月　　日

序号	分类码	返回的货物编码		需申请的货物名称	规格型号	单位	计划单价	申报部门	申报日期	编码返回增加日期
		流水码	标准单位							

填报人：　　　　　　　　　　　　　　　　　　　　审核人：

4. 储位安排管理工具表单

（1）储位安排记录表（见表 3－21）。

表 3－21　　储位安排记录表

编号：　　　　　　　　　　　　　　　　　　　　日期：　　年　　月　　日

货物编号	货物基本信息			储位信息	
	品名	数量	规格	储位编码	储位位置

审核人：　　　　　　　　　　　　　　　　　　　　经办人：

（2）货物储位查询表（见表3-22）。

表3-22　货物储位查询表

货物品名		型号	
货物编号		规格	
大类		种类	
小类			
货物储位			
储位编号			

查询人：　　　　　　　　　　　　　　　　　　　　审核人：

（3）预备储区分类表（见表3-23）。

表3-23　预备储区分类表

分类		数量	预备编号	位置
待检区				
待处理区				
合格货物储存区				
不合格货物区				
其他区				

（四）货物堆垛管理工作模板

1. 货物堆垛管理制度模板

货物堆垛管理制度

第一章　总则

第一条　目的

为了规范货物堆垛工作，确保货物存储过程中的稳定和安全，方便货物维护、盘点、出入库等作业，并提高仓库的利用率，特制定本制度。

第二条　适用范围

本制度适用于所有入库货物的垛形设计及货物的堆垛管理工作。

第三条　管理职责

1. 仓储部经理负责监督货物堆垛设计及货物的堆垛管理工作，并对堆垛设计方案进行审批。

2. 仓库主管负责货物堆垛设计，制作堆垛设计方案，监督货物的堆垛管理工作。

3. 入库管理人员负责指导装卸搬运工进行货物的堆垛。

4. 装卸搬运工负责货物的搬运、堆垛工作。

第四条　术语解释

货物堆垛是指根据物品的包装、外形、性质、特点、种类和数量，结合季节和气候情况以及储存时间的长短，将物品按一定的规律码成各种形状的货垛。

第二章　货物垛位的设计

第五条　垛位设计的内容

1. 仓库主管必须根据仓库的实际情况、物品本身的特点、装卸搬运条件和技术作业过程的要求，对货物堆垛进行总体设计，以达到堆垛的基本要求。

2. 垛位设计的主要内容包括垛基、垛形、货垛参数、堆垛方式、货垛苫盖、垫垛、货垛加固等。

第六条　垛基的设计

1. 仓库主管需进行垛基的设计，垛基是货垛的基础，可以起到传递货垛的重量，防水、防潮和通风的作用。

2. 仓库主管进行垛基的设计时，需遵循以下基本要求。

（1）将整垛货物的重量均匀地传递给地坪。

（2）保证良好的防潮和通风。

（3）保证垛基上存放的物品不发生变形。

第七条　垛形设计

仓库主管在垛基设计完成之后，需进行货垛的外部轮廓形状的设计，不同立面的货垛都有各自的特点。

1. 垛形的分类

（1）按货垛坪底的平面形状可以分为矩形、正方形、三角形、圆形、环形等。

（2）按货垛立面的形状可以分为矩形、正方形、三角形、梯形、半圆形，另外还可组成矩形－三角形、矩形－梯形、矩形－半圆形等复合形状。

2. 货垛的特点

(1) 矩形、正方形货垛易于堆垛，便于盘点计数，库容整齐，但随着堆垛高度的增加，货垛的稳定性将会下降。

(2) 梯形、三角形和半圆形货垛的稳定性好，便于苫盖，但不便于盘点计数，也不利于仓库空间的利用。

(3) 矩形－三角形等复合形货垛恰好可以整合它们的优势，尤其适合露天存放的货垛。

第八条　货垛参数设计

仓库主管在设计完垛形之后，就需对货垛的长、宽、高，即货垛的外形尺寸进行确定。具体说明如图 3－4 所示。

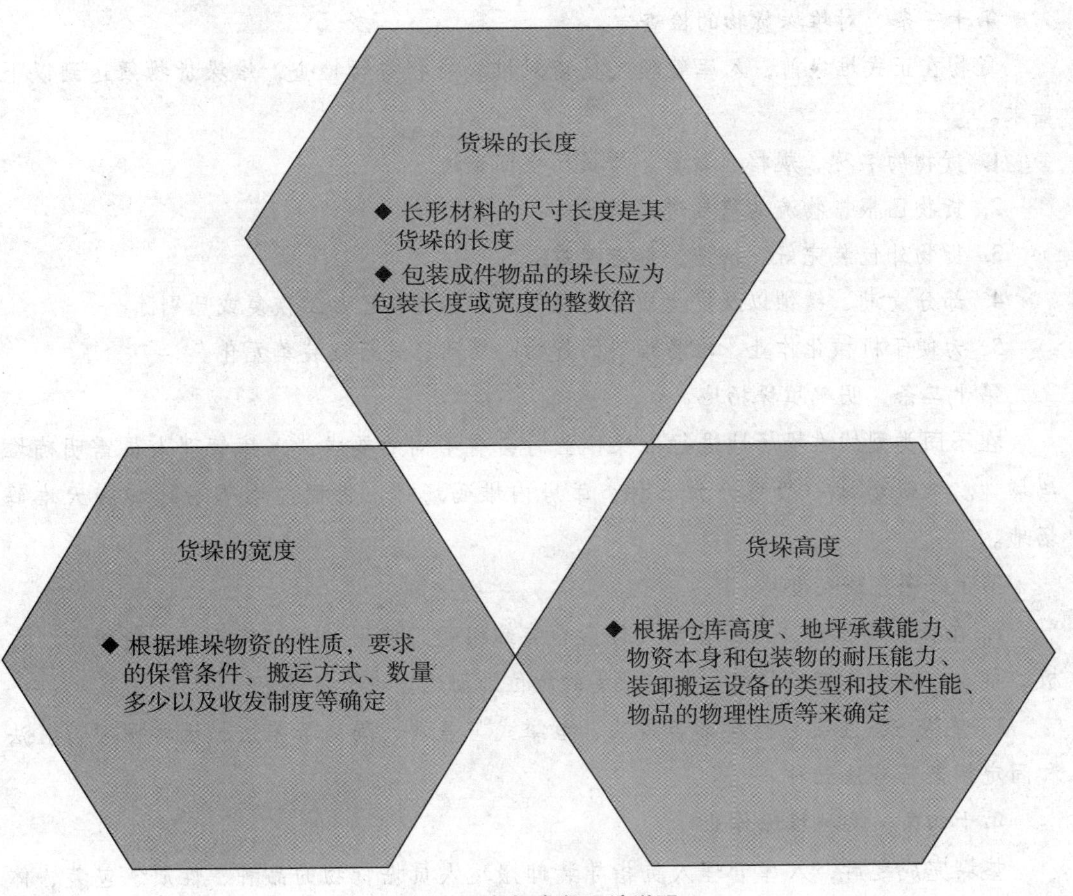

图 3－4　货垛参数设计说明

第九条　形成货物垛位规划方案

仓库主管将设计的垛基、垛形、货垛参数、堆垛方式等内容编写成货物垛位规划方案，并报仓储部经理审核，审核通过后实施。

第三章　实施货物堆垛

第十条　明确货物堆垛的原则

仓库主管在进行货物堆垛之前，需明确货物堆垛的原则。货物堆垛主要包括以下原则。

1. 尽量利用库位空间，较多采取立体储存的方式。

2. 仓库通道与堆垛之间保持适当的宽度和距离，提高物品装卸的效率。

3. 根据物品的收发批量、包装外形、性质和盘点方法的要求，利用不同的堆垛工具，采取不同的堆垛形式。

4. 不要轻易地改变物品存储的位置，并遵守先进先出原则。

5. 在储位不紧张的情况下，尽量避免物品堆垛的覆盖和拥挤。

第十一条　对堆垛货物的检查

货物在正式堆垛前，入库管理人员需对堆垛货物进行检查，堆垛货物须达到以下要求。

1. 货物的名称、规格、数量、质量已全部查清。

2. 货物已根据物流的需要进行编码。

3. 货物外包装完好、清洁，标志清楚。

4. 部分受潮、锈蚀以及发生质量变化的不合格货物已加工恢复或已剔除。

5. 为便于机械化作业，准备堆码的货物必须已经进行集装单元化。

第十二条　明确堆垛场地

在不同类型的堆垛场地进行堆垛作业时会有不同的要求，入库管理人员需明确堆码场地。堆码场地一般可分为三种：库房内堆码场地、货棚内堆码场地和露天堆码场地。

第十三条　进行垫垛

1. 在货物码垛前，入库管理人员指导装卸搬运工使用枕木、废钢轨、货板架、木板、帆布、芦席、钢板等衬垫物在预定的货位地面位置进行铺垫。

2. 垫垛方法主要包括垛形苫盖法、鱼鳞式苫盖法、隔离苫盖法、活动棚架苫盖法和固定棚架苫盖法五种。

第十四条　实施堆垛作业

垫垛完成之后，入库管理人员指导装卸搬运人员据货物的品种、性质、包装、体积、重量等情况，同时还要依照仓库的具体储存要求和有利于货物库内管理的原则来确定货物的堆码方法，进行科学、合理的堆码。

1. 堆垛的方法。堆垛的方法主要包括重叠式、纵横交错式、仰俯相间式、压缝式、通风式、栽柱式、衬垫式、直立式等。

2. 堆垛的基本要求。入库管理人员进行堆垛时需遵循以下基本要求，具体说明如表 3－24 所示。

表 3－24　　堆垛的基本要求说明

基本要求	具体要求说明
分类存放	不同类别的物品分类存放，甚至需要分区、分库存放 不同规格、不同批次的物品也要分位、分堆存放 残损物品要与原货分开存放 对于需要分拣的物品，在分拣之后，应分类存放，以免混串
选择适当的搬运活性	根据物品作业的要求，合理地选择物品的搬运活性 搬运活性高的存放物品应注意摆放整齐，以免堵塞通道，浪费仓库容量
面向通道，不围不堵	货垛以及存放物品的正面尽可能面向通道，以便察看 所有物品的货垛、货位都有一面与通道相连，处在通道旁，以便能对物品进行直接作业 所有的货位都与通道相通时，保证不围不堵

3. 堆码操作的要求。

(1) 堆码的操作人员必须严格遵守安全操作规程，使用各种装卸搬运设备，严禁超载，同时还须防止建筑物超过安全负荷量。

(2) 码垛必须不偏不斜，不歪不倒，牢固坚实，以免倒塌伤人、摔坏货物。

(3) 货垛的间距，走道的宽度，货垛与墙面、梁柱的距离等都要合理、适度。

(4) 货垛行数、层数力求成整数，便于清点、收发作业，若过秤货物不成整数时，应分层表明重量。

(5) 货垛应按一定的规格、尺寸叠放，排列整齐、规范，货物包装标志应一律朝外，便于查找。

(6) 堆垛时应注意节省空间位置，适当、合理地安排货位的使用，提高仓库容量利用率。

第十五条　进行堆垛苫盖

1. 在完成货物堆垛之后，入库管理人员选择合适的苫盖材料对堆垛货物进行苫盖，即在货垛上加上遮盖物，以达到防尘、防阳、防雨、防风、防自然损耗的目的。

2. 通常情况下，常用的苫盖材料有塑料布、席子、油毡纸、铁皮、苫布等。

3. 进行堆垛苫盖常用的方法有垛形苫盖法、鱼鳞式苫盖法、活动棚苫盖法等。

第十六条　货物堆放位置的记录

1. 入库管理人员详细记录货物的存放位置，及时将堆码信息通知仓库管理人员。

2. 存放位置若有变化，仓库管理员必须及时更改信息，以便做到货物存储位置与电脑系统中的储位信息一致。

第四章　堆码货物的日常管理与维护

第十七条　货物标识管理

1. 货物由入库管理人员指定仓位统一安排堆码，要求堆码货物整洁，数量准确，有标识。

2. 不合格货物应隔离堆放且不得乱放，并配合品质管理人员挂上标识牌，严禁投产使用，如没有做好标识，混入使用，则追究相关人员的责任。

第十八条　堆码货物日常管理

1. 仓库管理员经常对货物进行“三勤”管理，即勤倒垛、勤并垛、勤整理，减少半堆货垛，避免出现梯子形货垛。

2. 仓库管理员搞好库房内卫生，做好“三防”工作，即防虫害鼠咬、防霉变、防老化。

3. 仓库管理员定期向有关部门反映货物积压情况和货物库存信息。

4. 长期积压的货物应妥善保管，仓库管理员将其与其他货物区分码放。

第五章　附则

第十九条　本制度由仓储部制定，其解释权归仓储部所有。

第二十条　本制度经总经理审核批准后，自颁布之日起实施。

2. 货物堆码管理工具表单

（1）货架货物陈列表（见表3-25）。

表3-25　　货架货物陈列表

货架编号：　　　　　　　　　　　　　　　　　　　　　　　　制表人：

层数 \ 货物编码 \ 同层顺序	1	2	3	4	5	6	7	8	9	10
备注	货架尺寸：长____×深____×高____（单位：米） 使用道具：									

(2) 垛位查询表（见表3－26）。

表3－26　　**垛位查询表**

编号：　　　　　　　　　　　　　　　　日期：　　年　　月　　日

货物名称		货物编号	
货物规格		货物产地	
供货商名称		供货商地址	
垛位编号			
垛位地址			
货垛数量		入库日期	

查询人：　　　　　　　　　　　　　　　审批人：

(3) 货垛牌（见表3－27）。

表3－27　　**货垛牌**

编号：　　　　　　　　　　　　　　　　日期：　　年　　月　　日

货位号		货批号	
货物名称		规格/型号	
货垛数量		进货日期	
货物来源			
接货人		存货人	

三、仓库管理员

(一) 仓库货物存储管理工作目标

仓库货物存储管理就是根据货物性质以及货物在储存期间的质量变化规律，积极采取各种有效措施和科学的储存方法，创造一个适宜于货物储存的条件，维护货物在储存期间的安全，保护货物的质量和使用价值，最大限度地降低货物的损耗。

仓库货物存储管理的工作目标与工作事项之间的关联如图3－5所示。

(二) 达成目标的三个工作事项

仓库货物的存储管理主要包括仓库的“5S”管理、货物的养护管理、仓储设备的管理三大工作事项。

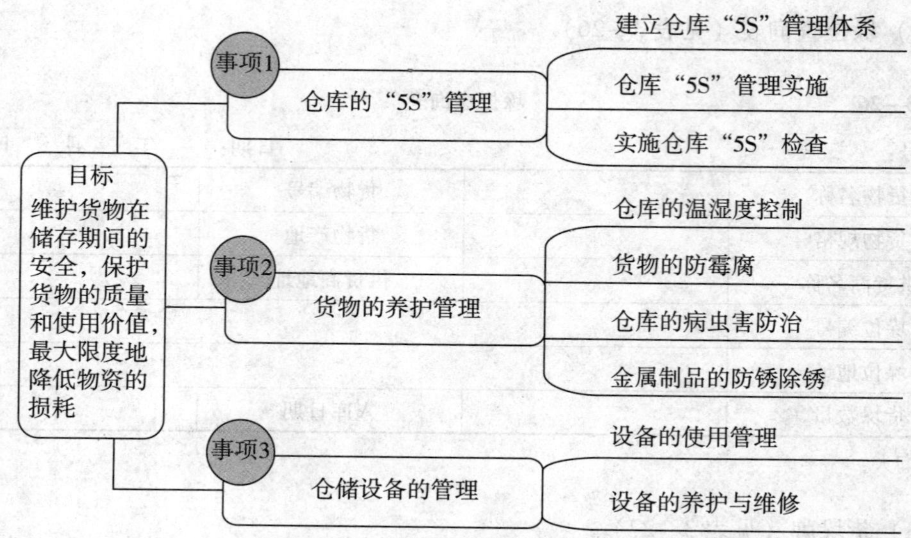

图3－5　仓库货物存储管理的工作目标与工作事项之间的关联

1. 仓库的“5S”管理

仓库的“5S”管理是指对仓库进行整理、整顿、清扫、清洁、素养。

（1）整理是指区分必需品和非必需品，清除垃圾，把长期不用的东西放回仓库。

（2）整顿是指将仓库内的货物分类存放，并将各货物放置到固定的位置。

（3）清扫是指确保仓位上无垃圾、无灰尘、干净整洁。

（4）清洁是指将整理、整顿、清扫进行到底，并将其制度化。

（5）素养是指严守作业标准，保持作业环境良好，使员工心情愉快。

2. 货物的养护管理

货物养护是指根据货物储存过程中受内外部因素影响所发生质量变化的规律，而对货物采用养护措施。

3. 仓储设备的管理

（1）设备的使用管理。

使用设备时需严格遵守操作规程，正确使用设备。操作人员在启动前认真准备，启动中反复检查，停止后妥善处理，搞好调整，认真执行操作指标，不准超温、超压、超速或者超负荷运行。

（2）设备的养护与维修。

①设备的养护。设备管理人员精心维护设备，搞好设备清洁、润滑、紧固、调整和防腐工作，保持零件、附件及工具完整无缺。

②设备的维修。设备管理人员严格执行巡回检查制，定时按巡回检查路线对设备进行仔细检查，发现问题及时解决，以排除隐患。

（三）仓库日常管理工作模板

1. 仓库日常管理制度模板

仓库日常管理制度

第一章　总则

第一条　目的

为了做好各项仓库日常管理工作，确保库房货物品质安全，杜绝各类安全事故发生，维护库房秩序，特制定本制度。

第二条　适用范围

本制度适用于公司所属各类仓库货物的养护管理、库存的盘点、仓库的安全卫生管理等日常管理工作。

第三条　管理职责

1. 仓库主管负责监督仓库的日常管理工作的执行情况。

2. 仓库管理员负责仓库的日常管理工作，其他各相关人员配合执行。

第二章　清洁卫生管理

第四条　每日清扫

仓库管理员每日都要清扫库房地面，清除垃圾、杂物。

第五条　每周清扫

1. 仓库管理员需每周清扫地面和地台板，尤其要注意清理地台板下的杂物。

2. 对产品包装上的灰尘进行清除，应尽量使用布或鸡毛掸进行清洁。

3. 对库房管道进行清扫，清除墙角和天花板上的蜘蛛网。

第六条　每月清扫

1. 仓库管理员应擦洗仓库的门窗及周边管道，对天花板进行清扫。

2. 仓库管理员应对仓库四周的水渍进行清理，防积水。

3. 每月应及时清除灯罩上的灰尘。

第七条　工具摆放管理

仓库应有专门的地方供小拖车出入和清洁工具摆放。

第八条　卫生检查

仓库主管和仓库管理员一起定期对仓库清洁工作进行检查。

第三章　库房温湿度管理

第九条　温湿度检查

仓库管理员每天对仓库内的温度和湿度进行检查和记录，确保仓库温湿度控制在标准范围之内。

第十条　温湿度异常处理

1. 当仓库温度超出标准范围，仓库管理员应在1小时内通知仓储主管，要求采取措施，调整仓库温度，仓储主管应在24小时内将问题解决。

2. 当仓库湿度过允许的上限，仓库管理员应在1小时内通知仓储主管，要求采取适当的措施，保证仓库湿度正常。

第四章　库房害虫防治

第十一条　害虫防治措施

1. 库房所有门窗应该是密封的，门窗若必须长时间打开，则应安装防虫窗纱。

2. 库房墙壁和地面不应有洞或裂缝，若出现洞或裂缝，应在两天内修好。

3. 在仓库周围的树木、沟渠、角落及有可能滋生害虫的地方，每月要喷洒一次杀虫剂。

4. 为了切断害虫的食物源，不能在仓库内和仓库周边1米以内进食。

第十二条　蚁虫防治工作

1. 库房地面每星期检查白蚁一次，每年在白蚁繁殖期（春季），应对仓库建筑物和四周环境进行全面普查，防止蚁患滋生。

2. 在检查过程中发现白蚁或其他虫害时，应根据具体情况采取诱杀、挖剿、毒土处理、熏蒸灭虫等防治措施，防治措施应该是安全而有效的。

第十三条　鼠害防治工作

1. 仓库管理员应在库房各个地点放上捕鼠胶，每天对库房内的捕鼠胶进行检查，看是否有老鼠粘在老鼠胶上，如果有应马上清理。

2. 仓库管理员对失去黏性的老鼠胶应立即进行处理或更换，应保证老鼠胶的黏性。

第五章　库房安全管理

第十四条　出入人员管理

1. 除仓库工作人员和因业务、工作需要的有关人员外，任何人未经批准不得进入仓库。

2. 因业务、工作需要进入仓库时，必须先办理入仓登记手续，并有仓库人员陪同，不得独自进仓。进仓人员工作完毕出仓时，应主动请仓库管理员检查。

3. 库房范围及库房办公地点不准会客，其他部门职工更不准围聚闲聊，不准带亲友到仓库范围参观。

第十五条　仓库物品管理

1. 进仓人员不得携带背包、手提袋等物进仓。

2. 任何人员不得将打火机等火种带入仓库内。

3. 仓库内不准保管私人货物，也不得擅自储存未经领导同意的其他单位或部门的货物。

4. 除验收需要外，任何人员不得将仓库货物开封试看。

第十六条　消防安全管理

1. 公司所有仓库必须建立健全的防火组织和消防制度。

2. 仓库应每月检查防火设施的使用实效，并接受保安部的检查、监督。

3. 严禁在仓库内吸烟，严禁酒后值班。

4. 检查易燃、易爆货物是否单独存储、妥善保管。

5. 严禁随意动用仓库内的消防器材。

第十七条　仓库防盗管理

1. 仓库管理员离开时必须严格进行交接班工作。

2. 仓库必须保持有值班人员值班，特殊情况下仓库无人时，仓库管理员必须锁好仓库大门。

3. 仓库管理员每天必须检查仓库门锁有无异常、货物有无丢失。

第十八条　其他安全隐患管理

1. 仓库管理员下班前须认真检查是否拉闸、断电并排除所有安全隐患。

2. 严禁在仓库内乱接电源、临时电线、临时照明设施。

第六章　仓库的巡检管理

第十九条　日常巡检

仓库主管需每日对仓库进行检查，并做好相关记录。日常检查工作主要包括以下内容。

1. 检查并记录仓库温湿度控制情况（每日定时做两次记录，一次为9：00～10：00，另一次为14：00～15：00）。

2. 检查货物标识状况，包括标识是否明显，有无错挂或漏挂情况。

3. 检查货物存储码放是否正确，有无混批、上下颠倒、错放现象，垛距与分区是否符合要求。

4. 检查仓库防虫、防鼠情况。

5. 检查货物存储过程中的质量稳定情况。

第二十条　定期检查

1. 由仓储部经理带队组织相关主管在每月盘点、收发料或退料后，进行仓库的定期检查，全面检查仓储情况。

2. 定期检查的内容

定期检查的主要内容包括货物数量、包装、外观、质量等，具体内容如表3－28所示。

表3－28　　定期检查的内容说明

检查项目	主要检查内容
检查货物数量	检查货物账、卡、物是否相符
检查货物包装、外观情况	检查储存货物有无潮湿、霉变、虫蛀、鼠咬、污染、渗漏、挥发、破损、冻裂、燃爆等现象发生
检查货物存储质量情况	对于存储期长或接近有效期、易变质品种有无质量问题
检查需特殊管理的货物	货物在储存和发放时，是否执行双人、双锁制度，是否有记录
检查货物堆放情况	是否按规定垛形、垛高堆放 是否采用科学的方法、形式堆放
检查货物防锈、防腐等情况	是否做好货物的防锈、防腐、防蛀、防潮、防震、防混、防火工作
检查温湿度控制情况	检查温湿度是否符合要求，是否通风良好 检查每日的温湿度控制、巡查记录
检查养护装置情况	对除湿机、空调等养护设备进行检查，查看是否进行定期修理与保养

第二十一条　巡检问题的处理

1. 仓库主管及仓储部经理在巡查过程中发现上述问题时，应认真填写“巡检记录表”，对责任人员提出处理办法，并限期要求责任部门对发现的问题提出整改办法。

2. 仓库主管在日常巡检过程中，如遇到突发问题、重大问题需及时向仓储部经理汇报。

第七章　货物账目的管理

第二十二条　货物账目设立登记

1. 仓库管理员应当配合财务人员，合理设置各类货物和产品的明细账簿和台账。

2. 仓库管理员根据实际情况和各种库存货物的品名、规格、型号设置明细台账、货位卡。

第二十三条　货物账目登记更新

1. 仓库管理员对于当日发生的业务，应及时逐笔登记明细台账，做到日清月结，确保明细台账的数据准确无误。

2. 仓库管理员需定期对各类货物进行日常的检查工作，确保账物一致。

第八章　附则

第二十四条　本制度由仓储部负责制定、修改、解释。

第二十五条 本制度自总经理审核通过之日起生效执行。

2. 仓库“5S”管理制度模板

仓库“5S”管理制度

第一章 总则

第一条 目的

为了达到以下目的，特制定本制度。

1. 营造良好的工作环境及和谐融洽的管理氛围。

2. 保持仓库整齐、整洁、安全，做好仓库货物管理工作。

第二条 适用范围

本制度适用于仓库管理过程中整理、整顿、清扫、清洁、素养活动的开展。

第三条 术语解释

“5S”是指整理（Seiri）、整顿（Seiton）、清扫（Seiso）、清洁（Setketsu）、素养（Shitsuke）五个项目，因日语的罗马拼音均以“S”开头，简称“5S”管理。

第四条 管理职责

1. “5S”推行小组负责制定仓库“5S”管理规范，并监督、检查、考核“5S”管理的实施情况。

2. 仓储主管负责实施仓库“5S”管理工作。

3. 各相关人员配合仓库进行“5S”管理。

第五条 仓库“5S”管理的目标

推行仓库“5S”管理是为了达到以下目标。

1. 库容整齐、堆放整齐。

2. 仓库货物的数量、质量、规格清晰。

3. 货架、货物、地面清洁。

4. 货物的账、卡、物一致。

5. 库存区域、货架、货位准确定位。

第二章 建立仓库“5S”管理体系

第六条 制定仓库“5S”管理规范

“5S”推行小组应根据仓库“5S”活动目标制定仓库“5S”管理规范，指导仓储部做好仓库“5S”管理工作。

第七条 制定仓库“5S”实施办法

“5S”推行小组应带领各相关主管人员制定仓库“5S”实施办法，明确“5S”推行要点。

第八条　制定仓库“5S”考核与奖惩制度

1. “5S”推行小组应及时制定仓库“5S”的检查、考核等办法，促进“5S”实施工作。

2. 针对仓库“5S”活动的考核结果，还需制定相应的奖惩制度，以加强对仓库工作人员的激励。

第三章　仓库“5S”管理

第九条　学习仓库“5S”管理规范

仓库“5S”管理规范体系完成后，仓库主管应组织学习仓库“5S”管理规范体系，确保仓库所有员工均掌握仓库“5S”工作实施要点，为“5S”活动的推行打好基础。

第十条　整理

仓库主管在进行“5S”管理规范体系之后，则需进行“5S”管理的整理工作。

1. 整理是指将工作场所内的物品分类，并把不要的物品清理掉。

2. 仓库整理工作可以达到腾出空间、防止误送误用的目的，可塑造整洁的工作环境。

3. 整理过程中，应特别注意仓库呆废料、返修品、报废品以及工具等的处理，保持仓库的有序。

4. 整理过程中应对仓库进行全面检查，不易看到的地方也要检查。

5. 仓库员工每天还需进行自我检查。

第十一条　整顿

整顿是指把有用的物品按规定分类摆放好，并做适当的标识，杜绝乱堆、乱放、物品混淆不清等无序现象的发生。

1. 整顿的目的是使工作场所一目了然，减少寻找物品的时间，清除过多的积压物品。

2. 应对放置物品的场所按物品的使用频率进行合理的规划，如经常使用物品区、不常使用物品区、废品区。

3. 将物品分类摆放在上述场所，并摆放整齐，在这些物品的显著位置做适当的标识。

4. 整顿过程中，必须明确“场所、方法、标识”三大要素，确定所有货物的放置位置，有条不紊地将其摆放整齐，并在仓库地板上进行分区、画线指引。

5. 整顿过程中，还需根据“定点、定容、定量”的原则摆放货物。

6. 整顿工作要达到所有人都能立即取出所需货物的状态。

第十二条　清扫

清扫是指将工作场所内所有的地方及工作时使用的仪器、设备、工量夹具、货架、材料等打扫干净，保持干净、宽敞、明亮的工作环境。

1. 整理和整顿工作完成后，要将仓库工作场所清扫干净，保持工作场所的干净亮丽。

2. 清扫过程中，应着力于消除脏污，保持仓库内干净明亮，并力求减少有害物质对货物和工作人员的侵害。

3. 清扫工作包括清扫地面、墙面、天花板上的所有的杂物灰尘，对仪器、设备、工量夹具、模具等的清理、润滑，对破损的物品进行修理，并对污水、噪声等污染源进行治理。

4. 清扫工作必须责任化、制度化，仓储部需建立清扫工作规范，划定责任区，执行例行扫除，清理脏污，并对污染源进行调查，予以杜绝或隔离。

第十三条　清洁

仓库“5S”管理过程中的清洁是指经常性地做整理、整顿、清扫工作，将上面的“3S”实施做法制度化、规范化，并对以上三项活动进行定期或不定期的监督检查，以达到维持整理、整顿、清扫工作成果的目的。

1. 仓库清洁工作执行前，必须落实整理、整顿和清扫工作。

2. 仓储部应制定目视管理的基准，制定“5S”实施办法，并制定考核制度、奖惩制度等，加强仓库“5S”管理工作的执行。

3. 仓库管理人员应带头做好“5S”工作，并定期检查，巩固“5S”管理的成果。

第十四条　素养

仓储部应通过晨会等手段，提高员工的文明礼貌水准，增强团队意识，使其养成按规定行事的良好工作习惯，做好“5S”中的素养管理工作。

1. 素养活动实施的目的是提升员工素质，使员工对任何工作都能认真对待。

2. 素养活动开展过程中，必须长期坚持，这样才能使员工养成良好的工作习惯。

3. 仓储部应注意制定服装、臂章、工作帽等识别标准。

4. 素养活动推行过程可包括如下所示的各种事项。

(1) 制定服装、臂章、工作帽等识别标准。

(2) 制定公司工作规定及礼仪守则。

(3) 教育训练（新进人员强化“5S”教育、实践）。

(4) 推动各种精神提升活动（晨会、例行打招呼、礼貌运动等）。

(5) 阅读企业的各类报表，如业绩报表、生产成本报表等。

第四章　仓库“5S”实施检查

第十五条　检查时间

仓库“5S”推行小组应对仓库实施工作进行检查，检查时间包括上班前、上班过程中和下班后。

第十六条　检查管理办法

1. 各区域管理人员需对各自管辖区域进行检查，保证仓库“5S”管理工作的实施情况。

2. 仓库“5S”推行小组每天对仓库的“5S”情况进行检查，并将检查结果记录在检查表上。

3. 检查完毕后，汇总并公布检查结果。

4. 对于检查到的问题，各相关人员应在规定的时间内提出改进措施。

第五章　附则

第十七条　本制度由仓储部制定，经分管副总审议后通过。

第十八条　本制度自颁布之日起生效。

3. 仓库日常管理工具表单

（1）仓库巡检记录表（见表3－29）。

表3－29　仓库巡检记录表

检查项目	__月__日	__月__日	__月__日	__月__日	__月__日	__月__日	__月__日
	星期一	星期二	星期三	星期四	星期五	星期六	星期日
库房清洁							
作业通道							
用具归位							
货物状态							
库房温度							
相对湿度							
照明设备							
消防设备							
防盗设施							
托盘维护							
备注	1. 消防设备每月做一次全面检查 2. 将破损的托盘每月集中维护处理						

（2）仓库出勤记录表（见表3－30）。

表3－30　　　　　　　　　　　仓库出勤记录表

序号	姓名	部门	日期							
			1	2	3	4	5	6	…	31
1										
2										
3										
⋮										
备注	出勤打“√”；旷工打“×”；请假打“○”									

制表人：　　　　　　　　　　　　审核人：　　　　　　　　审批人：

（3）仓库“5S”检查记录表（见表3－31）。

表3－31　　　　　　　　　　仓库“5S”检查记录表

责任区域		检查日期		检查人				
项目	检查内容	评分		问题点陈述				
		1	2	3	4	5		
整理	1. 仓库无不用的材料或工具							
	2. 仓库无废弃的材料或物品							
	3. 仓库无物品凌乱、混装现象							
	4. 周转架、运输工具无破损或不良							
	5. 仓库内无零件及货物散落在地面							
	6. 无不要物、杂物和卫生死角							
整顿	1. 货物、料箱有明确标识							
	2. 仓库内各区域划分明确、标识清楚							
	3. 物品、工具定置摆放，无压线							
	4. 货物箱的码放高度不超过摆放高度基准							
	5. 道路畅通，无阻塞现象							
	6. 无乱拉电线等现象							

续　表

责任区域		检查日期			检查人		
项目	检查内容	评分		问题点陈述			
		1	2	3	4	5	
清扫	1. 货架、办公桌摆放整齐						
	2. 货架和物品无积尘、杂物、脏污，物品封装防尘						
	3. 容器、货架、包装箱无破损及严重变形						
	4. 产生污垢时能及时彻底地进行清扫						
清洁	1. 办公桌、货架、地板干净亮丽						
	2. 入库货物有明确的季节标识，并严格进行先进先出管理						
	3. 逾过期货物能及时进行再检，并更新季节标识贴						
	4. 防尘、防静电设施正常运行，作业人员有效操作						
	5. 有值日表，并有员工值日						
	6. 各种记录明确、清晰并有相关人员确认						
	7. 正确张挂货物卡及标志						
素养	1. 员工明白货物卡或货物标识内容						
	2. 员工工作服、工鞋、厂牌穿戴整齐端正						
	3. 员工无聊天、打瞌睡现象						
	4. 库房无私人物品						
	5. 仓库内无吸烟现象						
	6. 下班关闭办公照明设施，并断开电源						
	7. 员工举止及用语文明，行走靠右						
总分							—
总分合计		平均分		区域责任人确认			
备注	5 分：优秀。4 分：良好。3 分：一般。2 分：差。1 分：无实施。 总分：150 分						

（四）仓库货物养护管理工作模板

1. 货物存储保养制度模板

货物存储保养制度

第一条　目的

为了确保货物储存管理科学化、合理化、规范化，实现货物合理存储，提高货物保管质量，特制定本制度。

第二条　适用范围

1. 凡公司有关货物存储保管的事项均应依照本制度处理。

2. 本制度对货物在库保养、仓储安全、库存盘点等业务进行了规范，是货物储存管理的准则。

第三条　管理职责

1. 仓库主管负责监督货物保养的情况。

2. 入库管理人员负责入库货物的存储安排。

3. 仓库管理员负责货物的日常管理和维护工作。

第四条　货物的类型

本制度所称的货物包括但不限于以下五个方面的物品。

1. 产品原材料、生产过程中产生的半成品、包装材料。

2. 机电设备备件和配件、生产工具、低值易耗品等。

3. 应销售需要而储存的商品成品。

4. 办公用品、耗材等。

5. 销货退回品、旧货估回品、试用或展出收回品等。

第五条　货物检查

1. 仓储管理员应及时查看在库货物，排查霉变、破损、虫蛀、潮湿等状况，检查货物的完整、牢固状况，保证在库货物的质量安全。

2. 排查时，除了要用感官检查货物质量外，还可以用仪器测定货物的具体状况。

3. 下列四类货物应当加强检查。

(1) 性能不稳定的货物。

(2) 利用旧包装或包装有异常的货物。

(3) 重新入库、从外仓转来的货物。

(4) 异常天气情况下入库的货物。

第六条　温湿度控制

仓储管理员应根据货物的性能要求，适时调节仓库内的温度和湿度，确保良好的货物存储环境。

1. 有条件严格控制仓库温湿度的需要适时调节温湿度。

2. 仓库温湿度调节不好控制的情况下应采取以下三种补救措施。

(1) 密封容易变质的货物，以减少外界不良侵害。

(2) 针对货物要求，有计划地常对仓库进行通风。

(3) 使用生石灰、氯化钙、硅胶或者机械方法对仓库进行吸潮处理。

第七条　货物防霉腐

1. 应做好仓库卫生工作，及时清理仓库垃圾，去除霉腐隐患。

2. 控制仓库温湿度和氧气含量，创造不易生霉腐的储存环境。

3. 利用除氧剂、百菌清、水杨酰苯胺等对货物进行药物防霉变。

4. 及时利用新技术方法防治霉变，如增加二氧化碳含量、降低仓库温度、利用紫外线和微波照射杀菌等。

第八条　货物防锈、除锈

对于金属货物，仓库需做好防锈、除锈工作，具体包括以下四个事项。

1. 控制和改善储存条件。

2. 保持库房干燥。

3. 利用气体、涂油、包裹塑料、涂漆等方法防锈。

4. 应当利用人工、机械和化学方法除锈。

第九条　防治仓库病虫害

1. 应对入库货物予以虫害检查和处理。

2. 应定期对货物进行杀虫、防虫处理。

3. 仓库内需保持良好的环境卫生。

第十条　仓库环境异常处理

1. 仓库管理员及时对所发现和检测到的环境异常情况进行记录。

2. 仓库管理员在权责范围内及时采取措施处理环境异常情况，确保异常及时消除。

3. 在仓库管理员权责范围外或无法处理的异常情况应及时向上级领导进行汇报。

第十一条　本制度由仓储部制定，仓储部对于本制度有修订的权利。

第十二条　本制度自总经办批准之日起生效实施。

2. 仓库货物养护管理工具表单

（1）货物保养记录表（见表3－32）。

表3－32　　货物保养记录表

日期	货物名称	编号	仓位	保养项目及内容	保养人	确认	审核	备注

（2）仓库货物保管台账（见表3－33）。

表3－33　　**仓库货物保管台账**

日期	货物名称	货物编号	规格	计量单位	入库数量	出库数量	结存数量	单价	金额总计	储存位置

（3）仓库病虫害防治记录表（见表3－34）。

表3－34　　**仓库病虫害防治记录表**

日期	病虫害情况	采取的病虫害控制措施	检查人	效果	复查		备注
					日期	复核人	

（五）仓储设备管理工具表单

1. 仓储设备购置表（见表3－35）

表3－35　　**仓储设备购置表**

编号：　　　　　　　　　　　　　　日期：　年　月　日

设备名称	规格	计量单位	估计单价	数量	金额	申请部门
购置理由						
审批意见	仓储部经理	年　月　日				
	总经理	年　月　日				

2. 设备巡检记录单（见表3－36）

表3－36 **设备巡检记录单**

编号： 日期： 年 月 日

序号	设备名称	设备型号	设备编号	存在的问题	现场整改	责任人确认
巡检总结	年 月 日					
改进措施	年 月 日					

巡检人： 审核人： 审批人：

四、出库管理员

（一）货物出库管理工作目标

货物出库管理是指根据货物出库凭证，将货物发放到需求单位或客户手中的各种业务活动，包括开具出库凭证、审单、查账、发货、交接、复核、记账等一系列作业，基本要求是准确、及时、安全。

（二）达成目标的工作事项

1. 单据处理

根据仓库类型的不同，出库过程中所要处理的单据也有所不同。生产企业的仓库、物流企业的仓库，其出库凭证主要包括领料单、出库单、提货单等；而该企业的配送中心、销售仓库则需注意做好配送订单信息的流转、配送订单的异动处理等工作。

2. 出库作业

出库作业是指库存货物的领用或将出库货物交运至客户并进行相关账务处理的作业，具体包括出库手续的办理、出库凭证的核对、领用人或提货人的核实、交接清点、出库系统账务处理、配送运输管理等。

（三）单据处理管理工具表单

1. 领料单（见表3－37）

表3－37　　**领料单**

编号：　　　　领料人：　　　　领料日期：　　年　　月　　日

领用部门				材料用途			
领用日期				发料日期			
材料名称	编号	材料规格	单位	领料数量	实发数量	单价	备注
备注							
发料人签字				审核人			

2. 货物出库单（见表3－38）

表3－38　　**货物出库单**

编号：　　　　仓库：　　　　日期：　　年　　月　　日

名称	规格型号	单位	单价	出库数量	质量等级	销售清单号	交货人	检验人	收货人	储存位置	备注

复核人：　　　　仓库主管：

3. 货物提货单（见表3－39）

表3－39　　**货物提货单**

日期：　　年　　月　　日

项目	产品	料号	品名规格	单位	数量	原因说明
厂长批示		生产部经理		质量管理部	仓储部	提货人

注：说明一栏应填写出库缘由，一般包括销售、样品、检验及其他情况。

4. 原材料借出单（见表3-40）

表3-40　　原材料借出单

日期：　　年　　月　　日

	单据种类	借出公司	单据编号	品名	代号	单位	数量	备注
借出记录								
归还记录	单据种类	归还公司	单据编号	品名	代号	单位	数量	备注

5. 样品提取登记单（见表3-41）

表3-41　　样品提取登记单

部门：

日期	客户名称	客户编号	品名规格	品名代号	品级	数量	出单库位	代号	提取人签收

主管：　　　　制表人：

（四）出库作业管理工作模板

1. 成品出库管理办法模板

成品出库管理办法

第一章　总则

第一条　目的

为规范公司成品的出库工作，防止货物多发、错发、漏发等有损公司和客户利益的事件发生，特制定本办法。

第二条　适用范围

本办法适用于本公司成品的出库作业。

第二章　成品出库准备

第三条　包装整理

针对部分在运输前已受损的成品包装，仓管员需事先进行整理、加固或更换包装。

第四条　组配、分装

1. 有些物品需拆散后出库的，仓储管理员应提前配备足够的零散物品，以免因临时拆装而延误发货时间。

2. 有些物品需拼装后出库的，仓储管理员应提前做好挑选、分类、整理和配套等准备工作。

第五条　用品准备

对于需拆装、拼箱或改装的成品，仓储管理员在发货前应根据成品性质和运输要求，准备各种包装材料及相应的衬垫物，以及刷写包装标识的用具、标签、颜料、钉箱和打包用品等相关工具。

第六条　场地、设备调配

成品出库，应留出充分的理货场地，准备装卸搬运设备，以方便装载货物，加快发送速度。

第七条　人员准备

为及时完成发货工作，仓储管理员要安排合适的作业人员，协调好相关人员之间的关系。

第三章　出库记录及出库装车

第八条　出货记录是完成出货任务的凭证，而要想做好出库记录，需注意以下五点。

1. 记录之前首先要确认运单，确认内容主要包括运输公司名称、运号、车号、出货产品名称、型号、订单号、批号、数量、转运地和目的地。确认时要认真辨别运单的真伪。

2. 确认装箱的数量和包装状态，主要内容有成品的流水号、码垛放置的层数和行数、货物与货柜壁之间的间隙、货物受挤压的程度、装载的程度。

3. 确认装箱后的封闭状态，如铅封的封闭状态是否良好。

4. 其他需要确认的内容还包括装车的起止时间；必要时，对有关运输的保险事务，通关资料的准备情况，相关经手人、见证人、监督人员姓名等也要进行确认。

5. 运输司机或运方负责人必须在出库记录上签字。

第九条　出库装车时需确认以下事项。

1. 确认出库成品的文件，如通报、出库通知单等。

2. 确认出库成品的数量、流水号码、箱号等。

3. 确认出库成品的包装状态、贴纸、其他标记。

4. 确认出库地点。

5. 确认托运公司的车、船运行时刻及装运工作。

6. 确认回条。

第四章　出库报告

第十条　出库报告的用途

出库报告是仓储部完成出库作业后制定的证实性文件。出库报告由出库主管负责制定，制成后发放到财务部、市场部、生产管理办公室等相关部门使用。其用途主要有以下三点。

1. 财务部用于记账。

2. 生产管理办公室用于调整生产，统计业绩。

3. 市场部用于安排销售，确认货期。

第十一条　出库报告要及时发送，尽量在出库当天完成，如遇特殊情况可延期，但最晚不得超过三个工作日。

第十二条　出库报告的内容

出库报告的内容要清楚地反映本次出库的详细情况，如出库成品的类别、名称、规格、型号，出库成品的批号、批量和数量，完成出库的日期、出库地点等。

第十三条　出库报告一般以表单的形式呈现，数量至少为一式四份。

第五章　附则

第十四条　本办法由仓储部负责制定，经总经理审批通过后颁布实施，并根据实际情况进行修订。

第十五条　本办法自颁发之日起生效实施。

2. 出库作业管理工具表单

（1）仓库发货单（见表3－42）。

表3－42　　仓库发货单

客户名称		订单号码		发货日期	
货物名称		货物型号		货物类别	
货物单价		货物数量		货物总价	
备注					
填表人		审核人		主管	

（2）出库记录单（见表3－43）。

表3－43　　**出库记录单**

客户名称：　　发货日期：
发货仓库：　　订单号：
仓库地址：

序号	品名	货号	单位	单价	数量	金额	包装状态	备注

仓储主管：　　仓库管理员：　　提货人：

（3）出库复核记录表（见表3－44）。

表3－44　　**出库复核记录表**

编号：　　复核日期：　年　月　日

序号	品名	型号	数量	单位	订单号	包装状态	箱数	流水号	备注

出库管理员签字：　　运输人员签字：　　出库主管签字：

（4）仓库发货日报表（见表3－45）。

表3－45　　**仓库发货日报表**

编号：　　填写日期：　年　月　日

序号	品名	型号	批号	订单号	出货数量	箱数	箱号	目的地	集装箱号	承运公司

特别事项说明：

出货地点		完成时间	
生管确认		OQC 确认	

分发：市场部、财务部、生产管理办公室及其他部门

签收：

五、仓库盘点员

（一）仓库盘点工作目标

仓库盘点是指对库存等进行清点的过程，有利于仓库人员掌握货物的存储情况，并且根据盘点结果制定合理的措施，以便有效地控制和掌握物品的质量和数量。

（二）仓库盘点的工作事项

盘点管理过程中的工作事项包括盘点人员培训、盘点工作计划、实施盘点工作、盘点结果处理等。

1. 盘点人员培训

盘点人员培训工作由人力资源部在仓储部、财务部的配合下完成。在开展盘点培训之前，必须制订详细的盘点培训计划，包括对盘点小组人员的培训、盘点管理层的培训、盘点员的培训、填表员的培训以及培训的时间、地点等。

常用的盘点培训方式有操作示范法、多媒体视听法、现场培训法、案例分析法等，培训负责人可根据具体的培训内容选择合适的培训方式。

2. 盘点工作计划

在盘点工作实施之前，盘点管理人员必须做好盘点的计划工作。计划过程中应当确定盘点对象、盘点周期、盘点使用的方法和工具、盘点的要求、盘点人员的配置以及分工等。

3. 实施盘点工作

盘点计划完成后，盘点人员应当按照要求开展盘点工作。首先应准备好盘点所需的各类工具和文件、资料等，并使相关盘点人员明确盘点工作的要项。

盘点人员应当根据盘点要求认真实施盘点工作，并且及时记录盘点内容，填写盘点表单等记录文件。

4. 盘点结果处理

盘点结果处理是指对盘点发现的问题进行处理，具体分为以下五种情况。

（1）规定标准内的盈亏，又称“合理盈亏”，是指盈亏数量不超过规定标准，其处理办法一般是经部门主管领导批准后核销。

（2）超过标准的盈亏，就应当查明原因、作出分析、写出报告，按审批程序报上级备案后，按公司仓储管理制度中的相关规定进行处理。

（3）此多彼少、总数相符的情况下，经货主同意后，应对属于同一品种、不同规格的货物进行规格间的数量调整；不是同类货物的，按超标准盈亏处理。

(4) 质量发生变化时应当查明原因，做好记录，在采取挽救措施的同时，通知相关部门尽快调拨。对完全变质、失效的货物除按有关规定提出报废外，更应查明变质原因，以便分清责任、总结经验。

(5) 对于积压的呆废货物，应当按照呆废货物处理办法进行处理；非本公司货物的，应通知货主处理。

(三) 仓库盘点管理工作模板

1. 货物盘点管理制度

货物盘点管理制度

第一章　总则

第一条　目的

为加强公司仓储部的内部管理，及时掌握存货的准确数量，保证仓储货物的安全、完整，同时也使货物盘点工作规范化，特制定本制度。

第二条　适用范围

本制度适用于公司仓储部的货物盘点工作。

第三条　盘点工作原则

1. 实事求是，不弄虚作假。
2. 科学准确，注重细节。
3. 分工明确，各司其职。
4. 团队协作，提高效率。

第二章　货物盘点对象、周期及方法

第四条　盘点对象

仓储部货物盘点的对象是在公司仓库中存放的各种原材料、辅助材料、燃料、低值易耗品、包装物、在制品、半成品、产成品等。

第五条　盘点周期

仓储部货物盘点周期分为每日盘点、月度盘点和年度盘点，具体盘点时间分别为每日工作结束时、当月月末及当年年末。

第六条　盘点方法

仓储部常用的货物盘点方法有以下三种。

1. 定期盘点法。即定期对所有货物进行全面盘点。
2. 重点盘点法。即定期盘点重点货物。
3. 循环盘点法。即定期循环、分区分批盘点所有货物。

第七条　盘点方法选择

仓储部盘点人员可根据实际情况采取适当的盘点方法，对账面和实物进行盘点，确保账面记录结果同实地盘点结果相一致。

第三章　盘点前准备

第八条　盘点前的清理工作

盘点前，仓储部需做好清理工作，主要包括将未验收入库的来料与公司的物料分开；清理仓库；预先鉴定呆料、不良物料和废料，与一般物料划定界限；将所有单据、文件、账卡整理就绪，结清未记账、销账的单据等。

第九条　盘点前生产线退料

在盘点前，生产线必须做好退料工作。生产线退料对象包括规格不符的物料、超发的物料、不良的物料、呆废料、不良半成品。

第十条　盘点培训

货物盘点前，必须确定盘点小组成员，并对盘点小组成员进行货物知识和盘点方法的培训，使其熟悉各项盘点工作。

第十一条　校正度量仪器，准备盘点工具

盘点所需要用到的磅秤、台秤等仪器必须在盘点前仔细检查、校准，并准备好盘点时使用的计量用具以及盘点票、盘点计量表等单据。

第四章　盘点实施

第十二条　盘点工作分工

仓储部将仓库分成几个区域，盘点人员各自负责不同的区域，以提高工作效率。

第十三条　数量清点

盘点人员按规定顺序对货物进行盘点，对计件、计重、计尺货物按照相对应的办法进行清点。

第十四条　填写“盘点表”

1. 盘点人员根据清点结果填写“盘点表”，“盘点表”填写错误时不得撕毁，更改涂写时，用红笔在更改处签名。

2. 初盘结束后，初盘人员将“盘点表”交与复盘人员。

3. “盘点表”的内容包括仓位区域号、仓位编号、包装单位、数量、账上存量、实际存量、不良品、费用、包装破损等。

第十五条　复盘

复盘人员不应受初盘人员的影响，要仔细盘点货物。复盘结果与初盘结果有差异的，复盘人员应与初盘人员共同查找原因，并在“盘点表”上注明。

第十六条 盘点数据统计

盘点工作结束后，盘点人员要根据“盘点表”汇总统计货物的库存数量等，并将统计结果填写在相应的表单内，如呆滞品统计表、废品统计表、待整理成品统计表、差异表等。

第五章 盘点差异分析与处理

第十七条 盘点差异原因分析

盘点结束后，发现所得数据与账簿资料不符时，仓储部应追查差异产生的原因。一般差异产生的原因主要有以下四点。

1. 记账能力不足，致使物料数目与账目存在差异。

2. 成品账务处理制度存在缺点，致使成品数目与账目存在差异。

3. 盘点制度存在缺点，导致账物不符。

4. 盘点人员未尽职尽责，盘点有误。

第十八条 盘亏盘盈处理

仓储部追查差异原因后，应进行针对性的调整与处理：呆废品、不良品视作盘亏；成品除了盘点时产生数量的盈亏外，有些在价格上会产生增减，须经主管审核后填制库存货物盘点盈亏及价格增减更正表。

第六章 货物盘点奖惩办法

第十九条 奖惩对象

公司对在盘点工作中表现优异的人员进行奖励，对严重违反盘点管理制度的行为和人员进行惩罚。

第二十条 奖励办法

每月盘点差错率为0的，盘点人员每月增发工资的5%为奖金；每月按时、按质完成盘点工作，无拖延、漏记、漏报行为的，盘点人员每月的奖金按规定发放。

第二十一条 惩罚办法

每月盘点差错次数多于三次的，扣发盘点人员本月工资的5%；不能按时完成盘点工作，拖延、漏记、漏报次数超过三次的，扣发盘点人员本月工资的10%；在盘点过程中故意隐瞒事实、错填数据的，给予记过处分。

第七章 附则

第二十二条 本制度由仓储部负责制定，经总经理审核签字后执行。

第二十三条 本制度的解释权归仓储部所有。

2. 仓库盘点管理工具表单

（1）货物盘点卡（见表3－46）。

表3－46　　货物盘点卡

编号：　　仓库号：　　盘点区号：　　盘点日期：　　年　　月　　日

货物分类	□原料	□在制品	□废料	□成品
编号				
品名				
规格			单位	
盘点时所在位置				
盘点数量			更正	
存货状况	□良料	□呆滞料	□废料	□其他
备注				
盘点员		复核员		记录员	

（2）货物盘存单（见表3－47）。

表3－47　　货物盘存单

编号：　　日期：　　年　　月　　日

第一联					
货物名称			填写日期		
货物编号			存放货位号		
单位			数量		
填写人			盘点单号		
第二联					
货物名称			填写日期		
货物编号			存放货位号		
单位			数量		
核对人		填写人		盘点单号	

注：盘存单一式两联，盘点人员应将清点后的数量记于第一联上，另一联由复盘人员填写。

（3）盘点记录表（见表3－48）。

表3－48　　盘点记录表

盘点范围：　　盘点日期：　　年　　月　　日

品种	入库	出库	账面数量	实际盘点数	差量	批次	票号	出库率

（4）盘点盈亏汇总表（见表3－49）。

表3－49　　　　盘点盈亏汇总表

编号：　　　　　　　　　　　　　　　　　　填写日期：　　年　　月　　日

类别	品名及规格	单位	单价	调整后账面数量	盘点数量	盘盈		盘亏		差异原因	对策
						数量	金额	数量	金额		

主管副总：　　财务部经理：　　仓储部经理：　　制表人：

注：第一联是仓库留存联，第二联是财务账联。

六、库存控制员

（一）库存控制的工作目标

库存控制是指对制造或服务企业在生产、经营全过程中的各种物品、产成品以及其他资源进行管理和控制，使其储备保持在经济合理的水平上。

库存控制与订货管理是使用控制库存和订货点的方法，得到更高的盈利的商业手段，它在满足客户服务需求的前提下通过对企业的库存水平进行控制，力求达到降低库存成本、提高物流系统的效率、提高企业的市场竞争力的目的。

（二）达成目标的工作事项

1. 库存量控制

一般情况下，库存量可以根据订货量和订货时间来进行控制。现在还有很多企业根据MRP的原理、JIT的方法来控制库存量。这一工作中，具体的工作事项包括但不限于以下四项。

（1）订货量与订货周期控制。订货量与订货周期的控制方法一般包括两种，即定期订购方式和定量订购方式。使用这两种方式，可以根据库存成本分析求得在库存总成本为最小时的每次订购批量，用以解决独立需求物品的库存量管理问题。

（2）货物消耗定额管理。货物消耗额是指在一定的生产技术组织条件下，制造单位产品或完成单位劳务所必需消耗的货物数量的标准。企业对生产货物消耗定额进行控制，能有效促进库存量管理水平。

（3）安全存量预警。无论是用定量还是定期订货法进行订货时，都需要保持一个安全的存量。安全存量是指为了防止不确定性因素（如大量突发性订货、交货期突然延期、临时用量增加、交货误期等特殊原因）而预计的保险储备量。做好安全存量预警，可以有效防止因缺货而造成的损失。

（4）呆废货物处理。货物存量过多，耗用量极少，而库存周转率极低的物料就是呆废货物。这部分货物占用大量的仓储空间，需要耗费人力、物力进行维护，并且占用公司的流动资金，一般情况下，应尽量减少呆废货物。

2. 库存成本管理

进行库存成本管理，首先要建立仓储管理会计制度，进行物流成本核算，把订货费、保管费、缺货费、补货费、购买费、进货费等分别定义、记录和核算。只有准确地核算库存成本，才有可能更好地进行成本优化工作，从而做好库存成本管理。

（三）库存量管理工作模板

1. 呆废货物处理办法

呆废货物处理办法

第一章　总则

第一条　目的

为合理处理呆废料，降低库存成本，减少公司损失，根据公司具体情况，特制定本办法。

第二条　适用范围

本办法适用于库存呆废料的管理与处理的相关事项。

第三条　管理职责

呆废料的管理与处理由公司仓储部负责。

第四条　相关定义

1. 呆料。即货物存量过多，消耗极少，库存周转率极低的货物，这种物料可能偶尔会耗用少许，甚至有根本不再动用的可能性。呆料为可用并保留原有特性和功能的物料。

2. 废料。即报废的物料，经过相当使用后，已失去原有功能而本身无可用价值的物料。

第五条　呆废料管理的目的

1. 物尽其用。

2. 减少资金积压。

3. 减少人力及费用。

4. 节约仓储空间。

第二章　呆料处理

第六条　呆料产生的原因

呆料产生的原因分析如表3－50所示。

表3－50　　呆料产生的原因分析

部门名称	呆料产生的原因
设计部	1. 设计错误，在试产时发现，使部分物料变为呆料 2. 设计变更，使来不及修正的采购活动或存量变为呆料 3. 设计能力不足，使某些材料、零件变为呆料
生产管理部	1. 产销不协调，生产计划变更繁重，造成呆料产生 2. 生产计划错误时，造成备料失误 3. 变更销售计划，生产计划未随之变更，造成物料计划落空 4. 生产现场管理不良，物料发放或领取等管理不良
仓储部	1. 物料计划不当，库存管理不当，存量控制不当 2. 仓储管理不当
采购部	采购管理部门交期延误，质量低劣，数量过多
质量管理部	1. 检验失误，物料中含有不良品 2. 检验仪器不够精良，未发现合格品
销售部	1. 市场预测错误，准备过多物料 2. 客户订货不明确，订单取消、更改等

第七条　呆料的处理方法

1. 仓储部每月统计各项呆料数，报生产部、设计部、采购部参考。

2. 调拨其他生产车间利用。

3. 设计部设计新产品时，设法应用呆料。

4. 低价处理或与供货商交换其他可用物料。

5. 销毁呆料。

第八条　呆料的处理流程

1. 仓储部在盘点过程中统计呆料，编制“呆料明细表”。

2. 仓储部呆料负责人员调查呆料产生的原因，拟定处理方式和处理期限，制作“呆料处理单”，仓储主管签字后报主管副总审批。

3. 审批通过后，根据处理方式进行处理。

4. 做好相关档案的登记工作。

第三章　废料处理

第九条　废料的范围

本公司废料包括以下六种货物。

1. 生产用剩材料及废材料。
2. 劣质或已变质的不能再使用的货物。
3. 生产加工中正常的损耗废品或因生产方法错误导致报废的货物。
4. 客户退货报废处理的产品。
5. 由呆料转为废料的货物，或在盘点过程中处理的货物。
6. 客户超过一年未接收的货物。

第十条　废料产生原因分析

1. 物料长期没有使用，陈腐不堪而失去使用价值。
2. 超过使用年限。
3. 仓储部工作失误。

第十一条　废料处理措施

仓储部及时对废料进行处理，开设废料区，将废料分类存放。废料积累到一定程度时，做出售处理，并登记档案资料。其处理措施如下。

1. 销售部申请报废的成品须部门经理在废料处理表上签名后，交由仓储部主管填写处理方法，再经财务部进行成品货款资金核算，最后提交总经理审批。

2. 生产部退回废料时，“退料单”上需注明工程单号码，仓储部按规定接收，但要严格监督退回废料的合理性，若不合理，将以书面形式申报追究相关部门的责任。

3. 生产部退回已变质而不能再利用的货物，由该生产部按质量事故赔偿比例赔偿损失。

4. 生产部退回的非正常损耗或错误生产导致报废的货物，由该生产部按质量事故赔偿比例赔偿损失。

5. 由各部门负责填写“货物报废申请单”，注清废料处理方法的建议，经总经理批准后统一报废处理。

6. 能转售的废料应尽可能转售，以降低报废成本。

第四章　呆废料预防措施

第十二条　在产品设计环节产生呆废料的预防措施

1. 提高设计人员的设计能力，降低设计失误率。
2. 设计完成后，经过完整的实验并确认有较好的市场前景时，投入生产。
3. 设计预防措施时须设计零部件、包装材料等标准化管理。

第十三条　在产品生产环节产生呆废料的预防措施

1. 加强与销售部的沟通，协调产销，对紧急订单进行妥善处理。

2. 制订合理的生产计划，并依据订单和进度进行生产。

3. 加强对生产现场的管理，优化领料、发料的管理。

4. 加强对生产人员的培训，减少各环节呆废料的产生。

第十四条　在仓储保管环节产生呆废料的预防措施

1. 做好物料盘点清理工作，控制库存量。

2. 注意仓库的卫生与安全。

3. 加强物料仓储计划的稳定性。

第十五条　因采购原因产生呆废料的预防措施

1. 认真评估并选择供货商，提高进料质量。

2. 分析呆废料产生的原因，减少请购不当的情况。

第十六条　在销售环节产生呆废料的预防措施

1. 提高市场预测能力，制订科学合理的销售计划。

2. 加强客户订单的确认工作。

3. 复核客户的订单信息，尽量避免更改订单。

第五章　附则

第十七条　本办法由仓储部制定，其解释权归仓储部所有。

第十八条　本办法制度自颁布之日起执行。

2. 库存量管理工具表单

（1）库存计划表（见表3－51）。

表3－51　　**库存计划表**

编号：　　　　　　　　　　　　　　　　　　　　日期：　　年　　月　　日

日次	品名及规格	材料编号	生产量		单位用量	用量小计	损耗率（%）	总用量	库存量	计划用量	单价	金额	需要日期	备注
			数量	单位										

（2）库存余量调节表（见表3－52）。

表3－52　　库存余量调节表

编号：　　　　　　　　　　　　　　　　　　　　日期：　　年　　月　　日

盘点单编号	存货编号	品名/规格	单位	库存数量			单价	金额	账面数量	差异			备注
				盘点	增（或减）	调整后				数量	单价	金额	

（3）安全存量预警表（见表3－53）。

表3－53　　安全存量预警表

品类料号	单位	品名规格	现有库存量	安全存量基准	差异数量	建议采购量

（4）基准存量设定表（见表3－54）。

表3－54　　基准存量设定表

编号	品名	规格型号	单位	上一年度平均月用量	设定月用量	安全存量		请购量		设定请购量	最小包装量
						天数	数量	天数	数量		

（5）呆滞处理记录表（见表3－55）。

表3－55　　呆滞处理记录表

编号：　　　　　　　　　　　　　　　　　　日期：　　年　　月　　日

物料名称		物料编号		数量	
处理方式	□废弃	□转用	□转售	□其他处理方式	
处理说明			处置部门		
损失分析					

（6）用量差异反映表（见表3－56）。

表3－56　　用量差异反映表

编号：　　　　　　　　　　　　　　　　　　月度：　　年　　月

货物编号	货物名称	规格	上月用量	预估用量	实际用量	超出数量	超出百分比	原因	是否修订	拟修订用量

3. 库存成本管理工具表单

（1）仓库支出记录表（见表3－57）。

表3－57　　仓库支出记录表

编号：　　　　　　　　　　　　　　　　　　月度：　　年　　月

类别	说明	数量	金额	支出期间					
				1	2	3	4	5	6
材料费									
工资									
差旅费									
交通费									
维护费									
公益费									
其他费用									

（2）库存成本计算表（见表3－58）。

表3－58　　库存成本计算表

编号：　　　　　　　　　　　　　　　　　　　　月度：　　年　　月

序号	品名	规格型号	成本计算方法	期初库存			本期入库			期末库存		
				数量	单价	金额	数量	单价	金额	数量	单价	金额

（3）仓储库存费用支付月报表（见表3－59）。

表3－59　　仓储库存费用支付月报表

单位：元

项目	本月费用		全年累计至本月底	
一、能源消耗	计划费用	实际发生费用	计划费用	实际发生费用
1. 水费				
2. 电费				
3. 燃气费				
二、维护费				
1. 设备维护费				
2. 设备检测费				
3. 材料费				
4. 工具费				
5. 土建工程维护费				
三、清洁费用				
四、其他费用				

审核人：　　　　　　审批人：　　　　　　制表人：

（4）库存应收应付票据登记表（见表3－60）。

表3－60　库存应收应付票据登记表

应收票据							应付票据						
收票日期	发票人	票据编号	银行名称	金额	累计金额	转入记录	开票日期	收票人	银行账号	票据号码	金额	累计金额	转出记录

（5）库存应收账款分类明细表（见表3－61）。

表3－61　库存应收账款分类明细表

编号：　　　　　　　　　　　　　　　　　　　　　　日期：　　年　　月　　日

销货		销货号	摘要	冲转	应收账款	收票		摘要	应收票据	到期日	兑现	冲转	合计
月	日					月	日						

（6）仓储库存应收账款管理表（见表3－62）。

表3－62　仓储库存应收账款管理表

客户名称	经办人员	未到期	已到期				合计
			1～30天	31～60天	61～90天	90天以上	
应收账款合计							
百分比（%）							

七、物品配送员

（一）物品配送工作目标

物品配送是指在经济合理区域范围内，根据客户要求，对物品进行分拣、包装等作业，合理选择配送路线、配送人员、运输方式。

合理的配送能够提高物流的经济效益，可使企业实现低库存或零库存，简化手续，方便客户，提高供应保证程度，完善输送、消除交叉运输。

（二）达成目标的工作事项

1. 拣货作业

拣货作业是按照不同的订单要求，使用各种拣选设备和传输设置，及时、准确、快速地从储存区域将物品拣出，并按一定的方式进行分类和集中，送入指定发货区。按照拣货作业的操作主体，拣货可分为人工分拣和利用自动分类机分拣两种方式。

拣货作业主要包括四大部分工作：获取拣货指令、确定行走与搬运物品的时间、确定所拣物品的数量并进行拣取、拣取完毕，将物品分类集中。

2. 包装作业

包装作业是出库作业中一项必不可少的工作内容，包括分装、拼装、重新包装、置唛等作业，货物只有经过合理包装后才适宜运输。

货物的包装应干燥、牢固，严禁将互相影响或性能互相抵触的货物混合包装。包装后，要在包装上写明收货单位、收货地点、发货号、本批总件数、发货单位等。

3. 配送作业

配送作业是以提高每次运输配送量，提高车辆运行的周转率，削减车辆使用台数，缩短配送距离等为原则，将货物送到客户手中。

（1）运输管理问题。运输的可变因素太多，且因素之间相互影响，造成运输管理难以控制，运输管理环节一直存在较多问题。为加强对配送中心的运输管理，我们应灵活运用拣选作业方式，提高作业效率，对配送路线重新规划，提高车辆的利用率，加强对驾驶员的时间管理和培训，合理分配驾驶员的工作量和工作时间，并制定驾驶员的考核标准，与驾驶员的薪酬挂钩。加强车辆维护，对车辆的维修费用和运输费用进行严格的控制，购置车辆保险解决车辆的安全问题。同时要求提高作业效率。

（2）运输成本管理。物流成本包括，搬运费、包装费、输配送费、保管费和其他费用，配送成本比例占 50% 左右，其费用之高成为物流成本的决定性因素。因此，需加强对配送人员的工作时间和作业管理，提高车辆的利用率，并提高配送效率。

(3) 运输调度管理。遵循调度原则，同时编制出合理的行驶路线和时间安排。

①相互临近客户的货装在一辆车上安排在同一时间配送。

②配送路线从离物流中心最远送货点开始。

③同一辆车途经各客户的路线呈凸状。

④条件允许的情况下，尽量使用载重较大的车辆。

⑤对于规划路线外的客户，特别送货量小的客户，使用载重较小的车辆。

(三) 拣货作业管理工作模板

1. 仓库分拣管理办法模板

仓库分拣管理办法

第一章　总则

第一条　目的

为规范仓库分拣管理工作，防止发生拣货错误，提高仓储管理账物相符率及客户满意度，降低拣货作业成本，特制定本办法。

第二条　适用范围

本办法适用于本公司仓库分拣工作的管理。

第三条　分拣作业

分拣作业是依据客户的订货要求或配送中心的送货计划，尽可能迅速、准确地将商品从其储位或其他区域拣取出来，并按一定的方式进行分类、集中、等待配装送货的作业。

第二章　确定分拣作业的方式及策略

第四条　仓储部分拣作业的方式主要包括订单拣取、批量拣取及复合拣取三种。

第五条　拣货员应根据具体情况选择适合的分拣方式，具体内容如表 3－63 所示。

表 3－63　分拣方式一览

分拣方式	定义	特点	适用场合
订单拣取	是针对每份订单，拣货员按照订单所列的商品及其数量，将商品从储存区域或分拣区域拣取出来，然后集中的拣货方式	作业方法简单，作业前置时间短，拣货员责任明确 当货物品项较多时，拣货时的行走路径过长，拣取效率较低	适用于订单大小差异较大，订单数量变化频繁或货物差异较大的情况

续 表

分拣方式	定义	特点	适用场合
批量拣取	是将多张订单集合成一批，按照商品的类别加总后再进行拣货，然后依据不同客户或不同订单分类集中的拣货方式	能缩短拣取货物所行走的时间，增加单位时间的拣货量 需要订单累积到一定数量，有停滞时间	适合订单变化较小，订单数量稳定和外形较规则、固定的商品出货
复合拣取	是将订单别拣取和批量拣取组合起来的复合拣货方式	根据订单的种类、数量及出库频率，可灵活采用不同的拣货方式	适用于订单复杂的情况

第六条　拣货策略是影响拣货作业效率的关键，仓储部在选择拣货策略时，必须考虑分区、订单分割、订单分批、分类四个因素，具体内容如下。

1. 分区。分区是指将拣货作业场地进行区域划分。

2. 订单分割。当订单所订购的商品种类较多时，为了能在短时间内完成拣货工作，需要将一份订单分割成多份子订单，交给不同的拣货人员同时进行拣货。

3. 订单分批。订单分批是将多张订单集中起来进行批次拣取的作业。

4. 分类。若采用订单分批策略，随后必须有相配合的分类策略。通常，分类的方法主要有两种：一种是在拣取货物的同时将其分类到各订单中；另一种是集中分类，先批量拣取，然后再分类。

第七条　仓储部在实施分拣作业时，第六条所示的四个拣货策略因素可单独或联合运用，也可不采用任何策略，直接按订单拣取。

第三章　分拣作业程序管理

第八条　整理拣货信息

拣货作业必须根据拣货信息来开展，拣货信息来源于客户的订单或配送中心的送货单。

第九条　行走与搬运

1. 拣货时，拣货作业人员或机器必然会直接接触并拿取货物，形成拣货过程中的行走与搬运，因此缩短行走和货物搬运距离是提高分拣作业效率的关键。

2. 搬运可以由拣货员步行操作或搭乘运载工具到达货物储存的位置，也可以由自动储存分拣系统完成。

第十条　拣取

1. 拣取前，拣货人员必须先确认被拣货物的品名、规格、数量等内容是否与拣货信息传递的指示一致。

2. 确认时既可以由人工目视读取信息，也可以利用无线传输终端机读取条码，由电脑进行对比。为降低拣货的错误率，在条件允许的情况下拣货人员应优先选择后一种方式。

3. 拣取信息被确认后，拣取的过程可以由人工或自动化设备完成。

第十一条　分类与集中

配送中心在收到多个客户的订单后，应采用批量拣取的方式，然后再根据不同的客户或送货路线分类集中。有些需要进行流通加工的商品还应根据加工方法进行分类，加工完毕后再按一定方式分类出货。

第十二条　拣货作业的优化

拣货作业优化的基本思路是先分析拣货作业中各个环节所需要的时间，然后尽量缩短这些时间。通常，一项拣货作业花费的时间包括以下几点。

1. 订单或送货单经过信息处理过程，形成拣货指示的时间。

2. 行走与搬运货物的时间。

3. 准确找到货物的储位并确认所拣货物及其数量的时间。

4. 拣取完毕后，将货物分类集中的时间。

第四章　附则

第十三条　本办法由仓储部负责制定、解释及修订。

第十四条　本办法经仓储部经理审核，报公司总经理批准后生效实施。

2. 拣货作业出库管理工具表单

(1) 仓库拣货单（见表3-64）。

表3-64　　仓库拣货单

拣货单编号：

<table>
<tr><td>用户名称</td><td colspan="2"></td><td>地址</td><td colspan="3"></td><td>电话</td><td colspan="3"></td></tr>
<tr><td>出货日期</td><td colspan="3"></td><td colspan="3">出货货位号</td><td colspan="4"></td></tr>
<tr><td>拣货日期</td><td colspan="6">年　月　日至　年　月　日</td><td>拣货人</td><td colspan="3"></td></tr>
<tr><td>核查时间</td><td colspan="6">年　月　日至　年　月　日</td><td>核查人</td><td colspan="3"></td></tr>
<tr><td rowspan="2">序号</td><td rowspan="2">储位号码</td><td rowspan="2">商品名称</td><td rowspan="2">规格型号</td><td rowspan="2">商品编码</td><td colspan="3">包装单位</td><td rowspan="2">数量</td><td rowspan="2">备注</td></tr>
<tr><td>箱</td><td>整托盘</td><td>单件</td></tr>
<tr><td></td><td></td><td></td><td></td><td></td><td></td><td></td><td></td><td></td><td></td></tr>
<tr><td></td><td></td><td></td><td></td><td></td><td></td><td></td><td></td><td></td><td></td></tr>
<tr><td></td><td></td><td></td><td></td><td></td><td></td><td></td><td></td><td></td><td></td></tr>
<tr><td></td><td></td><td></td><td></td><td></td><td></td><td></td><td></td><td></td><td></td></tr>
<tr><td>备注</td><td colspan="9"></td></tr>
</table>

（2）分拣记录单（见表3－65）。

表3－65　　分拣记录单

编号：　　　　日期：　年　月　日

序号	分拣日期	货物名称	货物编号	货物规格	数量	批号	拣货单号	拣货人	拣货情况

（四）包装作业管理工作模板

1. 成品包装管理制度模板

成品包装管理制度

第一章　总则

第一条　目的

为了达到以下目的，特制定本制度。

1. 合理选择包装材料与包装方式，使成品包装能够起到保护货物、便于流通的作用。

2. 规范包装作业过程，确保包装作业符合公司规定。

第二条　适用范围

本公司所有仓库成品出库作业中的货物物流包装作业均需依照本制度执行。

第三条　职责划分

1. 出库主管负责监督并指导成品包装作业过程。

2. 包装员负责对成品进行包装。

3. 仓储部相关人员负责协助包装员的工作，包括成品、包装材料、包装设备的装卸搬运等。

第二章　成品包装准备

第四条　了解包装作用

1. 保护货物，使货物免受日晒、风吹、雨淋、灰尘沾染等自然因素的侵袭，防止发生挥发、渗漏、融化、沾污、碰撞、挤压、散失以及盗窃等情况。

2. 给流通环节中的储、运、调、销带来方便，如装卸、盘点、码垛、发货、收货、转运、销售计数等。

3. 包装材料的形、色、纹理的美观性，能产生陈列效果，提高产品的观赏价值和激发消费者的购买欲望。

第五条　了解包装材料

常用的包装材料有纸质包装、木质包装、塑料包装、金属材料包装等。

第六条　了解常用的包装技术和方法

包装人员应熟知包装技术和方法，除此之外，还需对包装保护技术有所了解，具体内容如下。

1. 常用的包装技术有充填技术、装箱技术、裹包技术、封口技术和集合包装技术五大类，包装人员需熟练掌握。

2. 常用的包装方法包括充气包装方法、真空包装方法、拉伸包装方法、脱氧包装方法、收缩包装方法、无菌包装方法和硅窗气调包装方法等，包装人员必须熟练掌握。

3. 包装的保护技术包括防震包装技术、防破损包装技术、防湿防水包装技术、防锈包装技术、防霉腐包装技术和危险品包装技术六大类。

第七条　熟悉所使用的包装设备

包装设备有计量填充机械、称重式充填机、灌装机械、封口机械、裹包机械、收缩包装机、捆扎机械、装箱机和纸箱包装机等。包装人员要熟悉所使用的包装设备的性能和操作方法，能够熟练使用包装设备，并做好相关安全防护措施。

第八条　包装场地清理

1. 对包装有了一定了解后，包装人员需要清理包装场地。

2. 对有特殊包装场地要求的要在特殊地点进行包装操作。

第九条　包装员工作准备

包装人员在进行包装前应检查自己的服装和劳保用具是否穿戴整齐，具体检查内容包括以下六项。

1. 是否穿着公司统一的工作服。

2. 是否戴好统一的工作帽。

3. 衣帽是否干净整洁。

4. 工作牌是否佩戴端正。

5. 是否戴上防护手套。

6. 是否穿戴护腰用具。

第三章　选择成品包装材料及设备

第十条　选择包装技术、包装方法

包装人员需要了解成品的性质，以选择要采用的包装技术、包装方法，并决定是否需要特别的保护措施。

第十一条　准备包装材料

包装人员应根据成品的物理、化学属性准备合适的材料。

第十二条　选择包装设备

包装人员应根据成品的属性、包装技法选择包装设备，仓储部装卸搬运人员需协助包装人员搬运包装设备。

第四章　成品包装作业管理

第十三条　普通货物包装

普通货物是指无特别严格缓冲防震要求、无特别大的尺寸、无特别的温度和密封要求等并且可以用标准包装箱、袋等进行储运的货物。

1. 小于一定体积的较小的单票货物（例如体积小于500克）可用小规格包装物进行包装。

2. 如果货物为较大量的小件零件，可先将产品集中放入一个包装袋后再进行包装。

3. 对于其他货物，可按表3－66的要求进行包装。

表3－66　　普通货物包装要求一览

物品特性 / 包装要求 / 有无包装	易碎品	非易碎品
有包装	进行缓冲包装后使用原包装包装	不再包装
无包装	先进行缓冲包装操作，然后在标准包装箱中选择和产品外形尺寸最匹配的一款进行包装，最后用胶带封口	在标准包装箱中选择和产品外形尺寸最匹配的一款进行包装，组后外用胶带封口

4. 包装应无挥发、无渗漏，产品的尖锐部分不透出包装，产品没有全部或局部露在其包装外部，应有足够的强度。

第十四条　大量散货包装

大量散货是指货物为大量的小件零件且重量大于一定克数，可进行集货包装。

1. 包装人员对散货进行集货包装。

2. 应保证有足够的密封性，避免产品有泄漏和挥发现象，应保证在储运过程中其集货包装有足够的密封性和强度。

第十五条　易碎品（易损品）包装

1. 易碎品（易损品）是指表面较脆（如玻璃、硬塑料等）或较软（如较薄金属片、较薄的塑料等）或接合较松（如产品为两部分或多部分组成，各部分之间只用数量很少的铆钉、合页等接合）或有突出部分（产品有较多突出的片、杆等）。

2. 易碎品的包装应按如图3－6所示的程序进行。

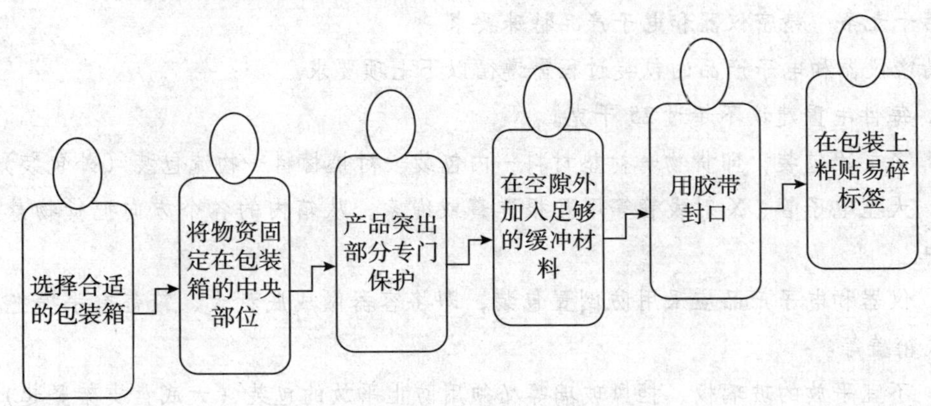

图3－6　易碎品包装程序示意

第十六条　异形品包装

异形品是指产品的长、宽、高之间的比例较大且尺寸也较大的杆状（直杆、曲杆）、片状、条装或其他极不规则形状等。

1. 异形品需要包装时，包装人员应针对货物的形状制作专门的箱或架进行包装，例如摄影器材、健身器材、运动装备等需要保护的物品。

2. 异形品不需包装时，包装人员可不对其包装，例如金属、煤炭等原材料，机械、汽车等不需特殊保护或无法对其包装的物品。

第五章　成品包装特殊要求

第十七条　液体货物特殊要求

液体货物包装时需要注意以下三点要求。

1. 不论是瓶装、罐装还是桶装，容器内须留有一定的空隙（如5%～10%），封盖严密，容器不得渗漏。

2. 用陶瓷、玻璃容器装的液体，需限定容量并需外加木箱包装，箱内要有内衬物和吸湿材料，内衬物要填充牢实，以防内装容器碰撞破碎。

3. 用陶瓷、玻璃容器装的液体货物，其包装上可加上易碎标签。

第十八条　粉状货物特殊要求

粉状货物包装时需要注意以下三点要求。

1. 用袋盛装的，最外层要有保证粉末不漏出的包装，如塑料涂膜编织袋或玻璃纤维袋等，其重量建议每件不超过50千克。

2. 用硬纸桶、木桶、胶合板桶盛装的，要求桶身不破，接缝紧密，桶盖密封不漏，桶箍坚固结实。

3. 用玻璃瓶盛装的，每瓶容量建议不得超过1千克，并要外加纸箱和木箱，箱内用衬垫材料填塞妥实。

第十九条　精密仪器和电子产品特殊要求

精密仪器和电子产品的包装过程需遵循以下七项要求。

1. 每件毛重建议不超过25千克。

2. 多层次包装，即货物—衬垫材料—内包装—衬垫材料—物流包装（外包装）。

3. 大型电子管、X射线管等用几根弹簧或绳索，从箱内的各个方向把货物悬置在箱子中。

4. 仪器和电子产品应采用防倒置包装，即将容器做成底盘大、箱盖有手提把环或屋脊式箱盖等。

5. 不宜平放的玻璃板、挡风玻璃等必须用防止平放的包装（大底盘支架竖起）。

6. 包装应有足够厚度的塑料泡沫或其他衬垫材料围裹严实，外加坚固的瓦楞纸或木箱，箱内物品不得晃动。

7. 捆扎货物所用的绳索强度应以能承受货物的全部重量为准，用手提起整件货时绳索不致断开。

第六章　附则

第二十条　本制度由仓储部制定，其解释权、修改权亦归仓储部所有。

第二十一条　本制度自发布之日起开始实施。

2. 包装作业出库管理工具表单

（1）仓库包装货物清单（见表3－67）。

表3－67　仓库包装货物清单

清单编号：　　　　　　　　　　　　　　包装日期：　年　月　日

序号	货物名称	型号	数量	备注
包装组组长签字：			仓储部经理签字：	
注意：以上货物是本产品包装盒内的所有货物，请认真核对。				

（2）出库货物包装检查表（见表3－68）。

表3－68　　出库货物包装检查表

检查日期：　　年　月　日　　　　编号：　　　　检查员：

出库货物名称		形式规格	
检查方式			
包装是否与合同要求相符	□是　□否	备注：	
包装是否破损	□是　□否	备注：	
包装是否变形	□是　□否	备注：	
包装标识清晰	□是　□否	备注：	
产品是否损坏	□是　□否	备注：	
防护是否有效	□是　□否	备注：	
配件是否散落	□是　□否	备注：	
检查结果	□可以投入使用　□不可投入使用　□须改进后使用		
改进项目			

（3）仓库包装物品使用清单（见表3－69）。

表3－69　　仓库包装物品使用清单

编号：　　　　使用日期：　　年　月　日

名称	编码	型号	尺寸	数量	说明	供应商

（五）货物运输配送管理表格

1. 送货日报表（见表3－70）

表3－70　　送货日报表

送货人姓名：　　　　　　　　　　　　　　填写日期：　　年　　月　　日

项目	配送数量	交货金额	现收金额	配送总金额	现金		收款小计	收款率	出发时间	回公司时间	行程时间	出发前公里数	回公司公里数	行程公里数	耗油量
					现金	余账收款									
上午															
下午															
合计															

报告事项（客户反映）	
1. 对本公司的意见	
2. 物料方面	
3. 单价方面	
4. 对于售货的要求	
5. 对于售后服务方面的要求	
6. 其他	

2. 送货统计表（见表3－71）

表3－71　　送货统计表

接单日期	制造单号	品名	规格	订货量	单价	金额	需要日期	物料供应状况			预订日期		品质记录	完工日期
											自	至		

3. 送货单（见表3－72）

表3－72　　送货单

<table>
<tr><td colspan="2">收货单位</td><td colspan="2"></td><td colspan="2">送货人员</td><td colspan="2"></td></tr>
<tr><td colspan="2">送达地点</td><td colspan="2"></td><td colspan="2">送货时间</td><td colspan="2"></td></tr>
<tr><td colspan="8">发运货物的详细内容</td></tr>
<tr><td>货物名称</td><td>型号</td><td>规格</td><td>单位</td><td>数量</td><td>单价</td><td>总额</td><td>备注</td></tr>
<tr><td></td><td></td><td></td><td></td><td></td><td></td><td></td><td></td></tr>
<tr><td></td><td></td><td></td><td></td><td></td><td></td><td></td><td></td></tr>
<tr><td></td><td></td><td></td><td></td><td></td><td></td><td></td><td></td></tr>
<tr><td>有关说明</td><td colspan="7"></td></tr>
<tr><td rowspan="3">收货方验收情况</td><td colspan="3"></td><td rowspan="3">收货方
负责人
签字</td><td colspan="3"></td></tr>
<tr><td colspan="2">验收人员</td><td></td><td>负责人</td><td colspan="2">（公章）</td></tr>
<tr><td colspan="2">日期</td><td></td><td>日期</td><td colspan="2"></td></tr>
</table>

注：此单一式三联，第三联送财务办理结算用，第二联送仓储部提货用，第一联为货到目的地后用作签收，并由送货人员带回交部门主管。

第三篇　中职学生仓储管理职业素养

职业道德素质是职业素质和职业道德的有机结合，且职业素质涵盖了职业道德素质要求。近年来，我国大中院校毕业生就业形势越来越严峻，为适应社会发展和现代化建设的需要，中职学生应该培养自己的职业素质和职业道德，以满足职业对从业者的职业素质和职业道德的要求，实现成功就业。

第四章　中职学生职业道德素质培养

第一节　中职学生职业道德素质要求

教学目标（2 学时）

学习情境		仓管人员出入库工作情境视频，让学生感知职业道德素养的氛围
职业行动能力		能将职业道德素质要求应用到物流实际工作
专业能力	应知	能说出职业道德素质的定义
		识记职业道德素质的要求
		领会职业道德素质的培养方法
	应会	能树立正确的职业道德观
		培养良好的职业道德精神
社会能力		通过分组活动，培养团队协作能力
		通过规范文明学习，培养良好的职业道德和安全环保意识
		通过小组讨论、上台演讲评述，培养沟通能力
方法能力		通过查阅资料、文献，培养个人自学能力和获取信息能力
		填写任务工作单，制订工作计划，培养工作方法能力
		具有分析问题、解决实际问题的能力

学习要求和考核内容

根据学习要求进行四项学习：

（1）资讯（通过集中听课、自学、小组讨论等学习方式获取相应知识点）。

（2）教学给出工作任务单，学生分组行动。

（3）根据任务完成情况评估，并抽查，演讲。

（4）完成并上交工作任务单。

考核内容：

包括学生学习态度、团队协作、知识点掌握、上台展示能力、分析决策能力、问题掌控能力等。

序号	考核内容	考核标准
1	任务认知程度	根据任务准确获取学习资料，有学习记录
2	情感态度	学习精力集中，学习方法多样，积极主动，全部出勤
3	团队协作	听从指挥，服从安排，积极与小组成员合作，共同完成工作任务
4	工作计划制订	有工作计划，计划内容完整，时间安排合理，工作步骤正确
5	任务工作单	工作单完成及时，记录完整，结果分析正确，对老师布置的任务能及时上交，正确率在90%以上
6	问题思考	开动脑筋，积极思考，并对工作任务完成过程中的问题进行分析和解决
7	操作能力	操作应安全规范文明，能在规定时间内完成

学习内容

一、职业道德素质的内涵、特征及其构成

（一）职业道德素质的内涵

职业道德素质是指从业者在一定的思想和品行基础上，通过教育、劳动实践和自我修养等途径形成和发展起来的素养，是在职业活动中发挥着重要作用的内在基本品质。职业道德素质是从事专门工作的人自身所具备的思想条件。每个劳动者，无论从事何种职业都必须具备一定的思想品德素质、生理素质、心理素质、科学文化素质和审美素质，然而不同职业对以上五种素质的要求是不同的，但是职业道德素质的要求是一致的，也是职业的基本。人对职业的适应与不适应，主要取决于人的职业道德素质是否达到职业对人思想道德的要求，不同的职业对人的不同要求就是对人的适应力的特殊要求，也就是对其素质优势的特殊要求。

社会发展要求从业者的职业道德素质不断地提高。一是社会政治文化发展要求从业者提高思想政治素质和职业道德素质，时代的发展，环境的变化，各种关系日趋复杂，理想信念问题越发突出。二是工作、竞争加剧、生活节奏的加快，要求从业者提高身体心理素质，如果思想道德素养跟不上时代，学生将难以承受挫折和适应日益复杂的环境。

（二）职业道德素质的特征

职业道德素质是职业素质在职业活动中起着重要作用的内在的基本品质，是指劳动者在思想品行条件的基础上，通过专业职业教育培训、职业实践和自我完善途径而形成和发展起来的。它有以下几个特征。

（1）职业性。表现为不同行业的从业者素质要有所相同的职业道德素质水平和高度。

（2）稳定性。表现为素质一经形成，便会经常地在职业生活中体现出来。一个人的职业素质是在长期执业的过程中日积月累形成的。它一旦形成，便产生相对的稳定性，当然，随着继续学习、工作和环境的影响，这种素质还可以继续提高。

（3）内在性。表现为一个人对所从事职业要求和专业知识的内化，它一经形成就以潜能形式存在，在职业活动中展现出来。职业从业人员在长期的职业活动中，经过自己学习、认识和亲身体验，觉得怎样做是对的，怎样做是不对的。这样，有意识地内化、积极地升华这一心理品质，就是职业素质的内在性。

（4）整体性。表现为从业者的知识、能力和其他个性的品质在职业活动中的综合能力。一个从业人员的职业道德素质是和他整个素质有关的，不仅指他的思想政治素质、职业道德素质，而且还包括他的科学文化素质、专业技能素质，甚至还包括身体心理素质。

（5）发展性。表现为一个人的素质是通过教育、自身社会实践和社会影响逐步形成的，它具有相对性和稳定性。但是，随着社会发展对人们不断提出的要求，人们为了更好地适应、满足、促进社会发展的需要，总是不断地提高自己的素质。随着社会的发展和新科技进步，对从业者素质的要求越来越高。劳动者必须从时代发展的需要出发，不断地提高和完善自身的职业素质。

（三）职业道德素质的构成

（1）思想政治素质。是指从业者政治方向、政治态度、理想信念、价值观等方面的状况和水平，理想信念是思想政治素质的核心。

（2）职业道德素质。是指从业者在职业活动中表现出来的遵守职业道德规范的状况和水平。为人民服务是职业道德素质，集体主义是社会主义职业道德的基本原则。

二、中职学生职业道德素质现状及产生原因

（一）中职学生职业道德素质现状

以龙岗中专的中职学生为例，毕业生在同一单位工作一般不超过一年，更有两三个月就频繁换岗、离岗情况。通过调查，我们了解到有以下几点。

（1）自我认识不足，认为所干工作与自己能力不相符，工作付出和工作报酬不对应。

（2）工作上有失误或任务未完成就想辞工作，经不起批评，受不得委屈，抗挫折能力弱。

（3）对企业、工作等不能快速熟悉了解，对工作相关情况的认知有一些偏差，主动性欠缺。

（4）部分学生在待人接物方面、与同事的交流方面缺乏技巧。社交能力、沟通能力欠缺、口头表达能力差。

（5）只能干与自己相关的本职工作，缺乏主动学习意识。

（二）中职学生职业道德素质与企业要求产生差距的原因分析

（1）传统的校园文化建设对学生职业素质培养方面多局限校园之内，与企业、职业对学生素质要求还有些距离。因此，学生在顶岗实习过程中，出现了不适应工作环境、社交能力差、频繁换岗等情况。

（2）在学生职业道德素质培养的过程中，欠缺系统性。事物的发展都有规律性，学生的年龄段、知识结构及认知能力等也都一样，学校在传统的校园文化建设中形成了自己的特色和常规，但学生的年龄、知识结构及认知能力却是在变化的，我们的活动年复一年举办，但是学生却在不断变化，在对学生职业道德的培养上缺乏针对性和系统性。

（3）学校注重以教师说教及各种校园活动对学生的教育，忽视了企业文化与校园、学生之间的影响和对接。学生在学校对职业道德的概念非常模糊，觉得与自己的学习生活无关紧要，因此在认识上也不够重视。

综合训练

（1）职业道德素质构成的内容有哪些？

（2）职业道德素质的要求有哪些？

活动建议

请同学们上网或到企业实地调研仓储职业道德素质的工作内容及其岗位职责要求，并将调研成果以小组为单位，制作成 PowerPoint 文档，发送到老师的邮箱。

要求：

（1）不少于 5 张 PPT，第一张 PPT 必须标明标题、班级、组别和具体分工。

（2）要有自定义动画，最好图文并茂。

第二节　中职学生职业道德素质培养方法

教学目标（2 学时）

学习情境		仓管人员出入库工作情境视频，让学生感受职业道德的氛围
职业行动能力		能把职业道德素质要求应用到实际工作生活中
专业能力	应知	能说出中职学生职业道德素质教育的途径
		识记培养中职学生职业道德素质的具体措施
		领会培养中职学生职业道德素质的方法
	应会	能树立正确的职业道德观
		培养良好的职业素养
社会能力		通过分组活动，培养团队协作能力
		通过规范文明学习，培养良好的职业道德和安全环保意识
		通过小组讨论、上台演讲评述，培养沟通能力
方法能力		通过查阅资料、文献，培养个人自学能力和获取信息能力
		填写任务工作单，制订工作计划，培养工作方法能力
		具有分析问题、解决实际问题的能力

学习要求和考核内容

根据学习要求进行四项学习：

（1）资讯（通过集中听课、自学、小组讨论等学习方式获取相应知识点）。

（2）教学给出工作任务单，学生分组行动。

（3）根据任务完成情况评估，并抽查，演讲。

（4）完成并上交工作任务单。

考核内容：

包括学生学习态度、团队协作、知识点掌握、上台展示能力、分析决策能力、问题掌控能力等。

序号	考核内容	考核标准
1	任务认知程度	根据任务准确获取学习资料，有学习记录
2	情感态度	学习精力集中，学习方法多样，积极主动，全部出勤
3	团队协作	听从指挥，服从安排，积极与小组成员合作，共同完成工作任务
4	工作计划制订	有工作计划，计划内容完整，时间安排合理，工作步骤正确
5	任务工作单	工作单完成及时，记录完整，结果分析正确，对老师布置的任务能及时上交，正确率在90%以上
6	问题思考	开动脑筋，积极思考，并对工作任务完成过程中的问题进行分析和解决
7	操作能力	操作应安全规范文明，能在规定时间内完成

学习内容

一、增强中职学生职业道德素质教育的途径

鉴于对职业道德素质的认识，增强中职学生道德素质教育首先要体现在对中职学生的职业指导方面。

（一）积极开展教学改革，以能力为本位组织教学

“知识为基础，能力为本位”是职业学校教学新模式。职业指导不应是空洞的说教，而应以能力的形成为主线，组织丰富多彩、多种形式的教学活动，比如食品专业学生可参加技能比赛，充分发挥学生的主体作用。在课堂教学改革当中也可运用该思想，开展行动导向教学模式，通过构建综合的学习任务，模拟相应的职业情景，设立项目、分析案例、扮演角色、仿真练习，并经过小组学习讨论、自我调节或专家咨询建议等过程，有意识、有目标、有反馈地进行学习，整体、自我地获取经验，且构建应用知识。

这种在行动中学习的过程能有机地与职业情景和生活情景结合在一起，学生所获得的知识和行动能力具有实践性、自激性和开放性的特点。这对职业学校学生的职业能力，特别是方法能力、社会能力的提高，有着巨大的作用。食品专业教师更应该贴近学生的生活实际和思想实际，抓好学生行为习惯的养成教育。根据中职学生年龄特点抓好行为规范养成教育，对学生以后形成正确的世界观、人生观、价值观有着重要的影响。要重点进行诚实守信、热爱劳动、艰苦朴素、克服困难等正确信念与良好行为习惯的培养。

（二）坚持理想信念教育，突出职业道德、职业理想和创业教育

在原有基础上加强理想信念教育，引导学生逐步树立正确的人生观、世界观、价值观，特别是职业观和就业观，坚持进行热爱劳动、崇尚实践、奉献社会的教育，培养学生的择业意识、创业意识。德育课不能停留在原有政治课抽象的说教上，让学生背观点、背理论，而应该是传授给学生真正对他们有实用性和指导性的理论思想，对他们就业有帮助、创业有促进作用的观念与事例，从而克服学生的厌学情绪，激发学生的学习兴趣。在校期间应有组织地让学生参加社会实践和生产实习活动，帮助他们了解社会，适应社会，为将来走进社会打下坚实的基础。

（三）保持连续性和针对性

与其他形式的教育一样，职业道德素质教育在实施的过程中要注意教育的连续性和针对性，即第一学年从适应新的学习生活的角度，帮助学生认识专业的特点及对应的将来的职业，着重培养他们的职业意识、职业理想。依据学生的身心特点和能力倾向，引导他们进行自我完善和塑造，培养和发展与其职业目标相适应或对目标进行调适后的优势。第二学年和毕业前在就业形势、信息服务、政策咨询、求职技巧、心理调适等方面进行引导，通过系列培训，帮助学生实现就业理想，指导学生转变角色，适应社会。

（四）针对学生的不同阶段，开展有针对性的教育

配合开展职业生涯设计活动，对学生进行职业指导工作，提高学生的就业能力、创新能力和创业能力，抓好学生职业意识、职业道德、职业理想教育。一年级以职业意识启蒙、树立职业理想为重点，二年级以职业意识强化、职业理想确立、职业道德行为养成为重点，在顶岗就业实习前以端正就业观念、增强创业意识、修正发展目标为重点，引导学生挖掘自身各方面潜力，形成奋发向上的动力，懂得珍惜在校生活，主动接受职业道德教育，自觉养成职业生涯发展所必须具有的素质和职业道德。特别是一定要对即将毕业的学生进行岗前教育，包括岗前对岗位的认知、要求，岗前、岗后的职业道德教育和食品安全教育。岗后教育主要针对的是实习过程中会出现的问题的预教育、岗位教育、职业（行业）教育等。

（五）注重建设校园文化，创建和谐、文明校园

用校园文化活动启迪学生。以珍爱生命、健全人格教育为重点，对学生开展心理健康教育、食品安全教育、毒品预防教育、环境教育、廉洁教育等专题教育。要积极

开展心理健康教育，心理健康是学生健康成长的先决条件，一个人只有心理健康，才能品德高尚。中职学生正处在身心发展的关键时期，随着生理、心理发育和变化，他们在学习、生活、人际关系等方面会遇到各种心理困惑或问题。这就要求我们必须采取适合职业学校学生心理特点的教育方法，做细致耐心的思想工作，教育学生正确对待名利，正确对待困难与挫折，正确对待批评，正确处理好同学之间的关系等。在积极开始心理辅导的同时，还要让学生在日常学习生活中养成团队合作精神，例如以小组的形式给学生布置工作内容，集体评分，增强学生的集体荣誉感，培养其成为德、智、体等全面发展的优秀中职生。

（六）用优良的校风熏陶学生

校风是学校精神环境的主要组成部分，在建设优良的校风中要力求“三风”并重。

（1）实抓教风。要注重提高教师的综合素质，由于教师素质的高低直接影响着学生素质的好坏，因此要提高学生的思想政治素质，首先必须提高教师的素质。要从教师的语言、仪表、行为、工作方法入手，凡要学生做到的，教师不仅要做到，而且层次要高。要组织教师进行师德规范学习，爱岗敬业，使他们以高昂的热情投身到工作中去。身教胜于言教，教师朴素大方的仪表、严谨勤奋的教学态度、高尚的敬业精神能潜移默化地对学生产生巨大的影响。

（2）狠抓作风。抓各级管理干部的工作作风，设立明确的目标管理责任制，使干部以身作则，做学生的表率，使学生言谈举止在潜移默化中受到教育。

（3）要坚持抓学风。要坚持不懈地教育学生勤奋学习、热爱专业、立志成才、报效祖国，可以通过增加奖学金、评选三好学生、减免优秀学生就读费用、聘请优秀毕业生返校谈体会等方法，提高学生对专业和未来的信心以及追求上进的积极性。

（七）加大职业法制教育，提高学生遵纪守法的自觉性

学生道德观念是道德情感和行为的思想基础和内在动力。有些学生的错误言行、不道德行为，往往出自缺乏必要的是非观念或是由于道德的无知所造成，所以要强化道德规范教育和法制教育，使他们明辨是非，厘清真善美与假恶丑，培养他们高尚的道德观念和遵纪守法的自觉性，把握正确的行为标准。

二、培养中职学生职业道德素质的具体措施

职业素质教育是一项复杂的系统育人工程，具有全员性、全面性的特点，应贯穿学校工作的各环节和各个阶段，做到第一课堂和第二课堂有机地结合起来。

（一）加强学生思想道德建设，提高德育工作的针对性和实效性

（1）发挥德育课在提高学生政治思想和道德素质的主渠道作用。加强辩证唯物主义和历史唯物主义教育，引导学生树立正确的世界观和人生观，自觉抵制愚昧、腐朽思想的侵蚀；进行爱国主义、集体主义、民主法制教育和纪律教育，使学生树立坚定的理想信念、爱国情操、团结协作意识、法制观念、社会责任感。

（2）改进德育课教学方法和手段，把知识传授同行为养成结合起来，切忌讲空泛的大道理、进行空洞的说教，而是要紧密联系社会实际和学生实际，注重实际教育效果，克服形式主义，使德育课由“虚”变“实”，由“软”变“硬”，做到知行统一。

（3）实行渗透教育，把思想道德教育渗透到各科教学中，各任课教师结合各科教学实际，在传授知识和培养技能的过程中有针对性地开展教育，使学生在学习中逐步树立起正确的价值观，形成健康的心理，养成良好的职业习惯。

（4）开展职业道德和职业指导教育，培养学生爱岗敬业精神，树立正确的劳动就业和生活观念。开展礼仪教育，培养学生尊重他人的意识和习惯，提高社会交往能力。开展心理健康教育，进行心理咨询，培养学生健康向上的生活情趣和面对挫折的心理承受能力，造就健全人格。职业学校学生学习成绩中等偏下，部分学生从学校、社会、家庭接受了过多的压力，性格、心理有些扭曲，开展心理健康教育就显得尤为重要。只有人格健全，才能正确对待自己、对待他人、对待社会。

（二）进一步深化教学改革，强化学生职业能力培养

（1）改革课程体系，突出技能培养。传统的文化基础课、专业基础课、专业课“三段式”课程设置模式，理论教学和技能训练循序渐进、分段实施，过分强调学科的系统性、完整性，却人为割裂了知识同能力的关系，不利于学生能力的培养。因此，要从课程体系改革入手，以培养学生综合职业能力为主线，优化知识结构，整合课程和教学内容。具体要求是通过课程综合化、教学模块化和学分制等方式，设计新的课程体系和教学内容，使知识传授同能力培养有机结合，同步进行。

（2）改进教学方法和手段，调动学生学习积极性。按照理论教学和技能培养一体化的思路，教学过程要以学生为中心，以能力培养为核心。教师要由知识和技能的传播者变为学生学习的指导者、推动者、管理者，引导学生自我学习、自我发展。在专业教学中要加大现场教学的力度，通过边讲理论边操作，使抽象的理论具体化、形象化，便于学生理解。学生在实际操作中学到了理论，又将理论应用于实践。实践证明这对于培养职教学生学习兴趣，调动学习积极性，弥补基础差的缺欠是非常有效的。

（3）突出学生主体地位，切实做到因材施教。学生是教学的主体，这是人所共知

的道理。在实践中，教师对教学计划、教学大纲因素考虑多，对学生实际考虑少；用统一标准和尺度衡量学生，忽视学生的独特性和差异性，教学中追求完全趋同、整齐划一目标，完成教学任务同学生能力培养没有达到和谐一致。以学生为主体，就是要从职教学生实际出发，分析学生情况，真正贯彻“因材施教”的原则，针对不同学生制订不同培养目标和培养方案，实施分层分类教学，彰显学生个性，发掘学生特长，培养学生专长。要千方百计调动学生的积极性，激励学生主动参与、主动实践、主动创造、主动发展。重视学生学习方法和学习习惯的培养，使学生由被动学变为主动学，由“学会”到“会学”，变单一渠道学习为多渠道获取知识。

(4) 加强职业实践活动，融入社会大课堂。结合教学工作，开展生产实习和社会实践等活动，让学生走出小课堂，进入大社会，让学生在实际生活舞台上扮演角色。通过学生自己的观察、思考，亲身体验和感受，增强感性认识，开阔视野，认识社会和了解工作过程，提高对学习重要性的认识，锻炼实际工作能力。在实践中，学生的思想品德、意志品质、社会意识、工作意识同时会得到培养和提高，增强生存意识和危机感。

(5) 建立新的考评机制，全面评价学生。学生考核要打破传统的“一张考卷定乾坤”的做法，按素质教育的要求，着眼于激励学生主动学习，提高学生素质和能力，侧重学生的全面发展。考核要全面反映学生的综合素质，并用发展的眼光看待学生，既关注考核结果，又看学生的进步过程。考核方法要多样化，可采取笔试、口试、技能考核、作品创作、实习报告、完成具体任务等多种形式，客观、公正、全面地评价学生。

(三) 适应素质教育要求，提高师资队伍素质

素质教育的关键是教师。教师是素质教育的实施者，教师的思想观念及综合素质对素质教育的效果起着至关重要的作用。因此，教师要首先树立素质教育思想，深刻领会素质教育的内涵，把素质教育渗透到各科教学和各项工作之中，传授知识和培养技能同时进行，通过创设情境，培养学生的综合素质。按照理论讲授和实际操作一体化的原则，优化师资队伍结构，培养集理论知识和实际操作于一身的“双师型”教师队伍，为强化学生技能培养提供保障。

(四) 加强学生日常管理，开展行为养成教育

管理是一种无形的教育。日常严格科学的管理，有利于学生养成良好的学习、生活、工作等行为习惯。但管理的重心和方法要改变，把制度的刚性和管理的柔性结合起来，无情制度，有情操作。教师在管理实施中要扮演不同角色，做学生的良师、益

友、严父、慈母，亲近学生，消除逆反心理和排拒心理，教师和学生不再单纯是管理者和被管理者的关系。让学生真正认识到制度对自身成长的必要性和重要性，不再是被动地接受管理，而是主动参与到管理之中，自我约束、自我管理、自我矫正。

（五）实施成功教育，增强学生的自信心

职业学校学生多有严重的自卑感，觉得自己是失败者，缺乏自信心。渴望成功、追求成功，是每个人与生俱来的天性。职教学生基础差的缺陷是继发的，而不是原发的，他们身上有许多优点和长处。采取灵活的教学方法和形式，鼓励学生尝试成功，通过发挥学生特长，使其取得一定的成绩，让他们看到自身的潜力，引导学生分享成功的喜悦。一次成功就可能唤起他们对成功的渴望和信心，激发他们去追求无数次成功。

（六）加强校园文化建设，营造育人环境

健康的校园文化活动对培养学生的道德素质、人文素质、心理素质、实际工作能力具有十分重要的作用。要把学校组织和学生自发组织的各种活动都作为培养学生素质的大课堂，把各类讲座、班会、竞赛、文体活动、劳动、宣传橱窗、校报、社团、兴趣小组等纳入统一规划，创造良好的校园文化氛围，潜移默化地影响学生、锻炼学生、培养学生。

学习思考

（1）根据你的理解，请概括职业道德素质的内涵和特征。

（2）中职学生的职业道德素质要求有哪些？

（3）如何增强中职学生职业道德素质教育的途径？

（4）你觉得应如何培养中职学生职业道德素质？

第五章　中职学生专业知识素质培养

第一节　中职学生专业知识素质要求

随着经济全球化、供应链一体化的发展，中国物流行业迫切需要现代仓储管理与操作人员。跨国公司在中国的不断发展，国内生产与流通企业的改造与提升，新兴的仓储（物流）企业的快速发展，老的仓储（物流）企业的改造与转变，既需要熟悉供应链管理的现代物流人才，也需要基于供应链管理的现代仓储管理与操作人才。那么一名合格的仓储管理员应具备哪些专业知识素质要求呢？

教学目标（4 学时）

正确理解《仓储管理基础》教材对中职学生的重要性，了解中职学生应该达到的专业知识素质要求。

学习要求和考核内容

根据学习要求进行四项学习：

（1）资讯（通过集中听课、自学、小组讨论等学习方式获取相应知识点）。

（2）教学给出工作任务单，学生分组行动。

（3）根据任务完成情况评估，并抽查，演讲。

（4）完成并上交工作任务单。

考核内容：

包括学生学习态度、团队协作、知识点掌握、上台展示能力、分析决策能力、问题掌控能力等。

序号	考核内容	考核标准
1	任务认知程度	根据任务准确获取学习资料，有学习记录
2	情感态度	学习精力集中，学习方法多样，积极主动，全部出勤
3	团队协作	听从指挥，服从安排，积极与小组成员合作，共同完成工作任务
4	工作计划制订	有工作计划，计划内容完整，时间安排合理，工作步骤正确
5	任务工作单	工作单完成及时，记录完整，结果分析正确，对老师布置的任务能及时上交，正确率在90%以上
6	问题思考	开动脑筋，积极思考，并对工作任务完成过程中的问题进行分析和解决
7	操作能力	操作应安全规范文明，能在规定时间内完成

学习内容

一、仓储管理的内容

仓储管理的内容包括三个部分：仓储系统的布局设计、库存最优控制、仓储作业操作。这是三个层面的问题，彼此又有联系。

仓储系统布局是顶层设计，也是供应链设计的核心。就是要把一个复杂纷乱的物流系统通过枢纽的布局设计改造成为“干线运输＋区域配送”的模式，枢纽就是以仓库为基地的配送中心。在相应的信息系统设计中，表现为“联库管理”的模式，分为集中式、分布式和混合式三类，其中配送中心的选择和设计是整个系统布局的关键。这部分内容通常并不包含在仓储信息系统WMS之中，但是对于布局设计变化的适应性、通用性也会成为客户选择WMS的一个重要依据。

库存的最优控制部分是确定仓库的商业模式的，即要（根据上一层设计的要求）确定本仓库的管理目标和管理模式，如果是供应链上的一个执行环节，是成本中心，多以服务质量、运营成本为控制目标，追求合理库存甚至零库存；如果是独立核算的利润中心，则是完全不同的目标和管理模式，除了服务质量、运行成本外，更关心利润的核算，因此计费系统和客户关系管理成为其中极其重要的组成部分，因为在计费系统中固化了市场营销的战略和策略。

仓储作业的操作是最基础的部分，也是所有WMS最具有共性的部分，正因为如此，仓储作业的操作信息化部分成为WMS与其他管理软件如进销存、ERP等相区别的标志。这部分内容不仅要根据上一层确定的控制目标和管理模式落实为操作流程，还要与众多的专用仓储设备自动控制系统相衔接，所以是技术上最复杂的部分。国产WMS与国外先进的仓储软件相比，最大的差距可能也就在这里，市场价格会相差数十倍、上百倍，也是这个原因。

二、仓储相关岗位素质要求

（一）仓库管理员岗位能力要求

仓储管理活动中，离不开两大重要的核心要素，即货物和仓库管理人员。货物是仓储管理的中心内容，仓管管理人员则是仓储管理的关键。随着现代仓储管理的不断发展，仓库管理人员面对着更多、更新和更高的要求和挑战，如何做好仓储管理工作，成为现代仓库管理人员必须思考和面对的重要问题。

素质要求：

（1）遵纪守法，诚实守信，团结协作，敬业爱岗，尽心尽职地做好本职工作。

（2）遵守物料管理控制程序、搬运控制程序、标识与可追溯性控制程序的规定。

（3）服从厂长的工作安排及调配，接受指导和合理建议，及时完成下达的任务。

（4）按有关文件规定做好物料和产品的进出库工作。

（5）按相关文件规定做好产品的搬运、防护、贮存、流转、标识等工作。

（6）及时报告职责范围内有关质量问题，对未报告或未及时报告造成的质量损失负责。

（7）自觉维护工作场所秩序和卫生，保持整洁、顺畅的工作环境。

（8）不违章操作，及时报告事故隐患，否则对其造成的质量损失、安全事故负责。

（9）正确使用各种设备（含叉车的搬运设备），做好其日常维护保养和日常检查工作。

（10）按规定填写相关记录，对其真实性、准确性、完整性及清晰性负责。

（11）发现不合格品时及时进行（通知/组织）隔离、报告。

能力要求：

（1）初中以上文化，一年以上本公司工作经验。

（2）精通仓库管理方法。

（3）接受过安全知识培训。

（4）熟悉物料管理控制程序、搬运控制程序、标识与可追溯性控制程序的规定。

（5）能单独执行年度盘点和循环盘点。

（6）接受过“5S”培训。

（7）会做账，接受过财务方面培训。

（8）了解“5S”基本知识和 ISO 9000 基本知识。

总而言之，一个好的、优秀的仓库管理人员对于仓储公司企业来说，无疑是一笔巨大的财富，他的能力素质决定了仓储管理活动的成功与否。所以，要想成就仓库管理人员的自身素质，相应人员就必须根据时代发展要求，不断完善自身的素质，提升自己的要求，应时应需而动。

（二）仓储主管岗位职责及素质要求

工作职责：

（1）负责仓库仓储管理的全面工作，向仓库主任负责并报告工作。

（2）负责仓储工作的规划、组织和安排。按上级要求组织生产作业，保证生产物资供应及时、准确无误。

（3）负责协调仓储管理工作中的各种关系，随时解决工作中出现的问题。

（4）配合协调安全员，具体负责库房的消防安全工作，以及库容库貌的监督巡查工作，发现问题及时提出整改方案并监督实施。

（5）负责仓储员工的安全教育工作，提高员工的业务知识、业务能力和仓储安全意识。

（6）负责仓储区域的规划，合理、高效利用仓储空间。

（7）负责提供各类库存报表、对库存物资进行不定期的检查，确保库存物资准确率 100%。

（8）负责对仓库库存物资进行定期分析，提供存货情况分析报告，给物资采办和用户提供决策依据。

（9）负责仓库库存物资的报损及报废工作，参与库存物资安全库存量的制定工作。

（10）加强同相关业务单位的联系和协调，及时解决共同关心的问题。

（11）完成上级交办的其他工作。

素质要求：

（1）学历要求：中专及以上学历。

（2）专业知识及资格：掌握有关物资采购、物流管理、费用管理等方面的知识。

（3）技能要求：具有一定的英语基础知识和组织协调能力；掌握电脑的一般操作技能；会使用 MAXIMO 和 Notes 系统工具。

（4）工作经验：从事相关工作 4 年以上。

（5）其他要求：身体健康、爱岗敬业，具有强烈的事业心和责任感、安全意识强、原则性强等。

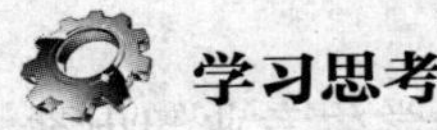

学习思考

你将如何努力让自己成为一名优秀的仓库管理员？

第二节　中职学生专业知识素质培养方法

物流业发展迅速，企业对物流人才的需求量更是大量增加。提升学生专业知识素质、培养高素质的复合型物流人才，对就业具有很大的促进作用。

（2 学时）

掌握有关仓储管理专业知识素质的培养方法。

学习要求和考核内容

根据学习要求进行四项学习：

（1）资讯（通过集中听课、自学、小组讨论等学习方式获取相应知识点）。

（2）教学给出工作任务单，学生分组行动。

（3）根据任务完成情况评估，并抽查，演讲。

（4）完成并上交工作任务单。

考核内容：

包括学生学习态度、团队协作、知识点掌握、上台展示能力、分析决策能力、问题掌控能力等。

序号	考核内容	考核标准
1	任务认知程度	根据任务准确获取学习资料，有学习记录
2	情感态度	学习精力集中，学习方法多样，积极主动，全部出勤
3	团队协作	听从指挥，服从安排，积极与小组成员合作，共同完成工作任务
4	工作计划制订	有工作计划，计划内容完整，时间安排合理，工作步骤正确
5	任务工作单	工作单完成及时，记录完整，结果分析正确，对老师布置的任务能及时上交，正确率在 90% 以上
6	问题思考	开动脑筋，积极思考，并对工作任务完成过程中的问题进行分析和解决
7	操作能力	操作应安全规范文明，能在规定时间内完成

学习内容

在竞争如此激烈的社会中，接受中职教育的中职生，应怎样面对新时代的要求及社会竞争的挑战？我们中职生应以积极的态度，顺应社会发展的需求，努力学好专业知识和掌握专业技能，勇敢地面对竞争和挑战，争取早日成为对祖国建设有用的技能型人才。我们都知道，一个人能否获得事业上的成功，并不在于他的起点有多高，而在于他是否有远大的理想和目标、在于他是否能够将理想付诸实实在在的行动。我们中职学校的学生有自身的优势，除了文凭外，还有过硬的专业技能。从有关资料获悉，中职学校中学习能力强、充满自信、实践能力强、外语能力强、具有某项专长、创业和创新意识强、人品好等七类毕业生，是最受用人单位欢迎的。

一、专业知识素质的培养

职业教育的基本内容是专业教育，离开专业教育的特点，职业教育就不成为职业教育。专业素质是中等职业教育培养对象的必要素质，是学生立足社会、服务社会、参与社会竞争的基本本领。培养学生的专业知识素质，我们应该从以下几个方面入手。

（一）较扎实的专业文化基础

现在提倡普通教育职教化，职业教育普教化，学生一方面应该认真学习仓储管理的文化基础课程，奠定相当的文化基础；另一方面要重视每次仓储实训课，理论联系实际，增强动手技能。

（二）浓郁的专业兴趣

兴趣是最好的老师，逐步提高专业学习、专业应用、专业开拓的能力与要求。

（三）一定的专业协调能力

专业协调能力往往是中职学生就业能力的薄弱环节，也是不少人忽略的内容。实际上，现在的职业岗位早已超出了个体劳动的时代，表现出了强烈的群体合作的特点，很多工作都涉及规划、组织、环境、人员、机制、效率问题。即使是少量个体劳动岗位，在市场经济条件下，不能有效地与人合作也是不可思议的事，纯技术问题毕竟是在一定条件下需要解决的局部问题。

（四）敬业精神

在市场经济条件下，择业竞业已是常事，市场为各类人才提供了越来越多的机会。

但这不等于可以在就业态度上朝三暮四、在就业行为上不负责任，任何轻易地专业放弃都是对教育资源和人才资源的巨大浪费。缺乏敬业精神将会造成就业不稳定和较低的专业认可。

（五）自学能力

终身教育已成为一种现实、必行的教育模式。这种教育有两种形式：一是提高型教育，即重返教育机构进修深造；二是自我教育，对绝大多数人而言，主要采用自我教育来不断完善提高自己。没有自学能力的人就没有发展提高的后续力。

作为整个社会结构的一部分，我们中职生和许多大学生一样有着全新的创业意识，只要勤奋努力，发挥自己的优势和特长，同样能在社会上寻求到立足之地，同样能在建设祖国的伟业中发挥自己的作用。只要不断进取，照样可以成才。

巴斯德说过："机遇只偏爱那些有准备的头脑。"机遇对于每个人来说无疑是重要的，想要抓住机遇，就要求我们要从知识、能力、品格等诸多方面不断完善自己，提高自身的综合素质，以适应社会的发展需要。只要我们认真努力地学好专业知识和掌握专业技能，把自己培养成为适应社会发展需要的技能型人才，相信我们都能用双手打拼出一片属于自己的天空，将来一定能为祖国建设奉献出自己的一分力量。

第六章　中职学生专业能力素质培养

第一节　中职学生专业能力素质要求

经济的竞争，发展的竞争，归根结底是人才的竞争。随着物流行业的发展，物流行业对人才的需求日益增加，对人才的质量要求也日益严格。在新的市场经济下，物流行业对不同岗位的物流人员都提出了新的要求。

(2 学时)

学习情境		当今社会企业对人才的需求
职业行动能力		针对所学内容，分析自身的不足
专业能力	应知	知道素质教育的定义
		知道企业需要什么样的物流人才
	应会	根据企业需要的人才标准，进行自我分析，自我完善
社会能力		通过分组活动，培养团队协作能力
		通过规范文明学习，培养良好的职业道德和安全环保意识
		通过小组讨论、上台演讲评述，培养沟通能力
方法能力		通过查阅资料、文献，培养个人自学能力和获取信息能力
		具有分析问题、解决实际问题的能力

学习要求和考核内容

根据学习要求进行四项学习：

(1) 资讯（通过集中听课、自学、小组讨论等学习方式获取相应知识点）。

(2) 教学给出工作任务单，学生分组行动。

（3）根据任务完成情况评估，并抽查，演讲。

（4）完成并上交工作任务单。

考核内容：

包括学生学习态度、团队协作、知识点掌握、上台展示能力、分析决策能力、问题掌控能力等。

序号	考核内容	考核标准
1	任务认知程度	根据任务准确获取学习资料，有学习记录
2	情感态度	学习精力集中，学习方法多样，积极主动，全部出勤
3	团队协作	听从指挥，服从安排，积极与小组成员合作，共同完成工作任务
4	工作计划制订	有工作计划，计划内容完整，时间安排合理，工作步骤正确
5	任务工作单	工作单完成及时，记录完整，结果分析正确，对老师布置的任务能及时上交，正确率在 90% 以上
6	问题思考	开动脑筋，积极思考，并对工作任务完成过程中的问题进行分析和解决

学习内容

中职学生专业能力素质要求

一、前言

教育是社会发展到一定阶段的产物，它的培养目标、对人才的要求具有一定的稳定性；同时教育又具有发展性，时代的进步对中职学生提出了新的素质要求和挑战。

专业素质是发展基础。学生应具备扎实的文化基础、浓郁的专业兴趣、一定的专业协调能力、敬业精神和自学能力。现在的职业岗位早已超出了个体劳动的时代，表现出了强烈的群体合作的特点，如何在独生子女占大多数的中职学生中加强团队精神教育，增加专业协调能力，应该是中职教育面临的重要课题。以信息技术为标志的现代科技，正日新月异地改造着我们身边的一切，由此导致了产业结构和职业结构的不断变化，导致了社会对职业能力要求的不断变化，传统的一次职前教育终身享受的模式受到了严峻的挑战。“学会学习”就是要使受教育的人知道从哪里、怎么找到自己需要知道的东西。

二、专业能力素质相关内容

（一）专业素质的含义

专业技能素质是指学生在教育者的指导下，通过学习和训练，日渐形成的操作技巧和思维活动能力。学生专业技能水平及所从事的具体工种科技含量的高低，是高等职业教育与普通高等教育、中等职业教育的主要区别所在。

（二）正确看待专业能力素养

学历不再是求职市场的敲门砖。当今社会，曾被认为是天之骄子的大学生们不再是就业市场的宠儿，反而一直默默无闻的职业教育毕业生却日渐走俏。对此，上海汉得信息技术有限公司人力资源部王麟元先生深有感触，前几年，该公司看重求职者的学历，用各种优厚的条件吸引研究生和本科生，但几年下来，效果并不是很理想，而公司在这方面却花费了较多的财力、人力和精力成本。此后公司选才标准发生了转化，将招聘重点放在了那些上手快、技术强、素质全面的实战型人才上面，效果反而大大超出预期。

（三）企业对物流专业学生的专业能力素质要求

伴随中国近几年来物流产业的蓬勃兴起，国内对物流人才的需求量也越来越大，但是由于我国物流产业的起步比西方发达国家晚，物流人才的教育培养更是跟不上经济发展的步伐，各地纷纷闹起了“物流人才荒”。

目前，各地院校纷纷设立物流管理专业，但是到底物流企业需要什么样的人才?

由于物流是一个囊括了采购、仓储、运输、包装、国际贸易、计算机等方方面面功能的管理性工作，高级物流人才不但要懂得物流专业知识，还要对所在岗位所涉及的其他专业技能有深刻的运用才能较好地胜任物流工作。无论是刚出校门的大学生，还是已有两三年工作经验的一线工作人员，都必须在实践中继续提高，才能满足快速发展的现代企业对物流人才的需要。

现代企业最需要的高级物流人才是那种既懂得从战略的角度规划企业长远发展、又有一线部门实际工作经验的物流人才，如果有在国外著名的物流企业、物流上市公司或咨询行业工作过的背景最佳。

现在的学校教育和行业培训，偏重于理论教学，毕业生所掌握的专业技能和视角与企业需求还有较大的差距，这也是我国物流人才供需矛盾突出的重要原因。

一般而言，高级物流人才需要重点掌握以下四个方面专业知识和技能。

（1）物流管理知识。物流管理的核心在于宏观上资源整合、微观上精益运作。从事物流管理工作的人员要熟悉该行业的基本流程，掌握物流中心的规划与布局、货物的运输与配送、采购管理与库存控制、物流机械设备的基本运用原理、物流企业的运营管理特点等专业知识。

（2）计算机信息系统知识。由于现代企业的物流运营对信息系统的要求相当高，高级物流人才除了能够熟练掌握电脑使用技能和办公自动化工具外，还必须对信息系统有深刻的理解，能够在企业信息化浪潮中正确地判断企业的物流需要，站在专业的角度为企业的物流变革指明方向。

（3）财务知识。物流之所以被称作“第三利润源”，就是通过节约成本的方式为企业提高经济效益。作为高级物流人才，担任的是企业中高层岗位，只有精通财务知识，才能在工作中正确地为企业进行“物流诊断”，分析出物流成本并使之降低。

（4）较好的外语应用能力。高级物流管理工作需要不断借鉴世界上最新的物流管理技术和计算机、财务、外贸、人力资源等方面的知识，只有在工作中不断地学习，才能保证企业的物流工作始终充满活力并达到不断地节约成本的目的。较好的外语应用能力是一切高级人才的必备技能。

学习思考

（1）专业素质的含义是什么？

（2）我们需要从哪两个方面去看待中职学生的专业素养？是否专科生的就业前景完全不如本科生？为什么？

（3）现在的企业需要的物流人才应该具备哪些能力？为什么？

第二节　中职学生专业能力素质培养方法

（2学时）

<table>
<tr><td colspan="2">学习情境</td><td>通过什么方法提高中职生的技能素质</td></tr>
<tr><td colspan="2">职业行动能力</td><td>针对所学内容，找到适合自己的方法</td></tr>
<tr><td rowspan="3">专业能力</td><td rowspan="2">应知</td><td>知道自身的不足</td></tr>
<tr><td>确定自己的目标</td></tr>
<tr><td>应会</td><td>制订适合自己的计划，提高自身的技能素质</td></tr>
<tr><td colspan="2" rowspan="3">社会能力</td><td>通过分组活动，培养团队协作能力</td></tr>
<tr><td>通过规范文明学习，培养良好的职业道德和安全环保意识</td></tr>
<tr><td>通过小组讨论、上台演讲评述，培养沟通能力</td></tr>
<tr><td colspan="2" rowspan="2">方法能力</td><td>通过查阅资料、文献，培养个人自学能力和获取信息能力</td></tr>
<tr><td>具有分析问题、解决实际问题的能力</td></tr>
</table>

学习要求和考核内容

根据学习要求进行四项学习：

（1）资讯（通过集中听课、自学、小组讨论等学习方式获取相应知识点）。

（2）教学给出工作任务单，学生分组行动。

（3）根据任务完成情况评估，并抽查，演讲。

（4）完成并上交工作任务单。

考核内容：

包括学生学习态度、团队协作、知识点掌握、上台展示能力、分析决策能力、问题掌控能力等。

序号	考核内容	考核标准
1	任务认知程度	根据任务准确获取学习资料，有学习记录
2	情感态度	学习精力集中，学习方法多样，积极主动，全部出勤
3	团队协作	听从指挥，服从安排，积极与小组成员合作，共同完成工作任务
4	工作计划制订	有工作计划，计划内容完整，时间安排合理，工作步骤正确
5	任务工作单	工作单完成及时，记录完整，结果分析正确，对老师布置的任务能及时上交，正确率在90%以上
6	问题思考	开动脑筋，积极思考，并对工作任务完成过程中的问题进行分析和解决

学习内容

中职学生专业能力素质培养方法

一、前言

中职生面临就业，能否找到一份好的工作，专业技能素质很重要。中职生必须具备的全面素质包括“软件”素质和“硬件”素质两个方面，前者指思想道德素质、文化素质、身体素质、审美素质、心理素质和创造素质等，后者指从事某种职业的关键素质，即职业技能素质。职业技能主要包括动作技能和智力技能两个方面，动作技能亦称操作技能，是通过职业实践或反复练习而形成并巩固起来的合乎法则的操作能力。中职学校要突出自身的办学特点，把培养学生具有从事某种职业或生产劳动所需要的知识和技能作为头等大事，在传授学生一定知识和理论的基础上，重点进行实用性和操作技能的训练，通过开放的形式和生动的教学与训练手段，促进中职生专业技能素质的养成。夯实专业理论根基，既要有厚实的基础，还要扩大就业口径；必须强化专业技能训练，发挥学校主导功能，还要突出学生主体地位。

二、专业能力素质培养的方法

我们要全面掌握专业知识，熟练掌握操作要领，做到全面练习，科学分配练习时间，不择练习时机及场所，还要注意手脑并用，这样才能具备更好的专业技能素质。

（一）夯实专业理论根基

1. 厚基础

中职学校要实现培养学生更好适应职业生活的目标，首先要把学生的基础理论知识根基夯实，使他们学习和掌握专业技能得心应手。基础理论知识包括两大类，即文化科学知识和专业基础知识。中职学校通过文化课（计算机、政治、语文、数学、外语、体育、物理、化学、生物、历史、地理等）教学全面提高学生文化素质并为专业基础知识的学习做好准备。文化课教学的目标是用各门学科的基础知识、基本技能和技巧武装学生，为学生打下一个扎实的基础，只有这样才能便于学生日后继续学习和深造，才能适应科技不断发展的要求。否则，学生的学习质量不但不高，而且会直接影响到将来科学技术的发展速度和水平。这对职业较早定向的中职生来说尤为重要。中职学校通过专业基础课教学夯实学生专业知识的基础并为轻松学习专业知识和专业技能做好准备。基础理论知识的学习应为中职生奠定某类群职业继续深造的基础，不应是接受教育的终点，而是定向教育的开始，是终生学习的新起点。

2. **宽口径**

随着生产力与经济发展水平的提高，人才市场已不再满足于劳动者只具有一技之长；随着新兴高科技的发展、科技进步周期的不断缩短和传统产业结构的调整，劳动者工作流动与职业更换日趋频繁；随着科学知识的综合化趋势，传统学科体系及行业的界限被打破，劳动者需要具备广博的知识基础。因此，为适应劳动就业竞争的需要，中职生必须以一个专业的基础知识为主，兼学相近或近似的专业基础知识，扩大就业口径，成为复合型人才。许多大类专业有着共同的基础知识，如电子电器类的视频、音频设备维修工，制冷、电热器具维修及电子装配工都拥有近似的基础知识；财会类专业的会计、金融、统计、税务等也具有相近的专业基础课程。中职学校在教学中要精选有关内容，编写校本教材，让学生全面打好基础；每周应安排特定的时间，构建各种兴趣小组活动平台，让学生打破专业限制，从主修的专业中自动走出，积极参与到兴趣所指的每个活动场地，提升学生的综合素质。

（二）强化专业技能训练

进入工业化初期的中国，科学而又可持续地经济发展既需要先进的科学技术，更需要精湛的工艺制作水平。工艺水平的提高，有赖于生产管理第一线的劳动者的专业技能水平，需要大量的、有较强专业动手能力的实用人才。中职生专业技能素质的养成，专业技能训练和实践锻炼起着决定性的作用。如何强化专业技能训练？

1. **发挥学校主导功能**

作为学校，不仅要在思想认识上切实提高，把强化专业技能训练的工作摆上重要的议事日程，而且在实际运作中要狠抓落实，充分发挥主导功能，绝不让技能训练流于形式，限于应付。当前应重点解决好四个问题。

（1）加强专业实验室和实训场地建设。专业实验室和实训场地是强化专业技能训练的基本条件。目前中职学校的实验实训设备不足和落后等不适应教学需要的情形不同程度存在，成为制约专业技能训练的一个瓶颈。学校应把武装专业实验室和实训场地作为第一要务，同时还要注重提高已有设备的利用率，保障基本的实验实习开出率达到100%。一些实验实习可以通过校企联办、订单培训等方式在厂企进行，真正实现校门与厂门对接，课堂与车间对接，实训与生产对接。

（2）尽快提高专业教师的动手技能。目前一些中职学校的某些专业学科的专业教师由于专业动手技能不强，教学满足于课堂黑板上的有声有色，学生的动手技能自然好不到哪里。为此，中职学校一方面要通过积极选送专业教师对口参加各级主管部门举办的专业脱产培训或派遣专业教师到厂企顶岗实践等方法提高现有专业教师的动手能力，另一方面要严把教师进出关，既要设法防止优秀的专业教师流失，又要选进理论知识全面、专业动手能力极强的专业教师，逐步淘汰“唱功好，做功差”的专业教师。为了避免青黄不接，学校决策层应进一步解放思想，打破传统人事观念，可到名厂强企外聘专业技术能手定期来校指导学生实验实训，也可与一些高职院校联合办学实现专业师资和实验实训设备共享。

（3）调整课程编制。当前，一些中职学校的教师，顾恋普通教育的课程结构模式，在教学思想和教学方式、方法上受普通教育的惯性影响，专业理论课教学不愿走出教室，专业技能训练意识不强，训练不力。为此，学校应从调整课程编排入手，在加大专业课课时比例的同时，编制专门的专业实训课时，推崇专业理论教学进实验室，确保专业技能训练落到实处。

（4）加大专业技能考核的导向作用。中职学校要围绕培养目标制订切实可行的技能训练大纲，建立完善的考核制度，细化技能考核环节，使专业技能训练常规化、规范化；要加强专业技能训练考核，把专业教师带领学生实训工作的考核结果与教师教学工作评价、职评、评先评优、绩效工资等挂钩，有效促进专业技能训练的教学；要对学生广泛宣传职业资格证和劳动就业准入制度，充分调动学生积极投身专业技能训练。

2. 突出学生主体地位

学生始终是专业技能训练的主体，学校围绕提高学生专业技能素质的各种措施都必须通过学生这个主体去实现。因此，学生必须主动发挥自己的主体作用，以提高自身的专业技能水平。

（1）全面掌握专业知识。专业知识是形成专业技能的前提条件。掌握了专业知识，就具有了专业技能的表象，从而就能正确进行操作训练。

（2）熟练掌握操作要领。专业技能是由各个操作环节组成的，要掌握专业技能，就要掌握环节的操作要领。学习操作要领，要充分发挥视觉和动觉的作用，在听懂讲解、看清示范的基础上，认真模仿练习。在模仿中不断纠正错误操作，逐步掌握操作要领。

（3）全面练习，要形成专业技能，先进行单项技能训练，在基本掌握单项技能的基础上，把各项单项技能综合起来练习，做到各单项操作连贯、协调。从而全面掌握整个操作技能。

（4）注意手脑并用。专业技能训练中除加强动手练习外，还必须勤用脑，这不仅有利于加深记忆，更重要的是还可以创造性地掌握专业技能。

（5）科学分配练习时间。在进行技能训练时要做到集中练习与分散练习相结合。较好的分配方案是，开始学习阶段，训练频率要高，但时间不宜过长，以后就可以逐渐减少训练次数，但需要延长每次训练时间。

（6）不择练习时机、场所。技能训练不能只局限在学校、实验室和车间，也不能局限在学期中，社会、家中等都有练习的时机和场所，中职生要随时把握，把技能训练与生产实践紧密结合，培养更为全面的专业技能素质。

学习思考

（1）从哪两个方面夯实专业理论根基?

（2）在强化专业技能训练中，如何发挥学校的主导作用?

（3）在强化专业技能训练中，如何突出学生主体地位?

参考文献

[1] 王连新．仓储物流管理实务培训图表书［M］．北京：中国经济出版社，2013.

[2] 周轩．仓储管理职位工作手册［M］．北京：人民邮电出版社，2012.